MEDITAÇÕES

Editor: Luiz Vasconcelos
Gerente editorial: Letícia Teófilo
Produção editorial: Lucas Luan Durães
Tradução: Henrique Guerra
Preparação: Eliana Moura Mattos
Revisão: Elisabete Franczak Branco
Diagramação: Manu Dourado
Capa: Ian Laurindo

Texto de acordo com as normas do Novo Acordo Ortográfico da Língua Portuguesa (1990), em vigor desde 1º de janeiro de 2009.

Dados Internacionais de Catalogação na Publicação (cip)
Angélica Ilacqua CRB-8/7057

Marco Aurélio, Imperador de Roma, 121-180
Meditações / Marco Aurélio ; tradução de Henrique Guerra a partir de tradução do inglês de George Long ; editado por Edwin Ginn. -- Barueri, SP : Novo Século Editora, 2023.
192 p.

ISBN 978-65-5561-529-6
Título original: The Thoughts Of The Emperor Marcus Aurelius Antoninus

1. Filosofia antiga 2. Estoicos I. Título II. Guerra, Henrique III. Long, George IV. Ginn, Edwin

23-0500 CDD 188

Índice para catálogo sistemático:
1. Filosofia antiga

Alameda Araguaia, 2190 – Bloco A – 11º andar – Conjunto 1111
CEP 06455-000 – Alphaville Industrial, Barueri – SP – Brasil
Tel.: (11) 3699-7107 | Fax: (11) 3699-7323
www.gruponovoseculo.com.br | atendimento@gruponovoseculo.com.br

Marco Aurélio

Meditações

TRADUÇÃO E NOTAS:
Henrique Guerra

A PARTIR DA TRADUÇÃO PARA O INGLÊS DE GEORGE LONG, EDITADA POR EDWIN GINN

ns

São Paulo, 2024

SUMÁRIO

PREFÁCIO

Alguém há de questionar a sabedoria de publicar as *Meditações* de Marco Aurélio Antonino em forma de manual para ser lido pelos jovens nas escolas. Aos olhos desses críticos talvez o texto pareça mais adequado a mentes maduras. Entretanto, o princípio que tem nos norteado na escolha de livros para a juventude é o de assegurar a melhor leitura possível, com textos atemporais, direcionados ao público adulto. Uma dieta literária insípida nivela "nossos queridos filhinhos" por baixo e, em última análise, subestima a inteligência deles. Na realidade, os jovens gostam de ser tratados como adultos e são capazes de apreciar coisas boas. Nos escritos desse majestoso filósofo pulsa a rara união de três qualidades inspiradoras para todas as idades, sem distinção: generosidade, doçura e humildade.

Quem veste o manto do filósofo aos 12 anos permanece estudante a vida inteira. Foi o que aconteceu com Marco Aurélio. Deu o exemplo e seguiu à risca os preceitos que preconizou aos outros. Em sua época, como agora, bons médicos para a mente e o corpo prescreviam sábias receitas para orientar seus vizinhos, mas não davam o bom exemplo. Os defeitos de nossos semelhantes são tantos e tão fáceis de curar! A tentação de se tornar médico é grande. Já nossas próprias falhas são mínimas e tão escassas, que nem vale a pena dar atenção a elas. Em razão disso, temos muitos doutores aptos a curar a humanidade em geral e poucos a curar os indivíduos.

Pela doutrina de Marco Aurélio, a maioria dos males vitais brota de nossa própria imaginação. Os outros não têm o poder de interferir seriamente em nossa vida calma e moderada. E, se o próximo faz algo contra nós que nos parece injusto, foi culpa da ignorância: em vez de essa pessoa despertar nossa raiva, deve nos inspirar compaixão. Em muitas vezes, se fizéssemos uma cuidadosa autocrítica, constataríamos que a culpa foi mais nossa que do próximo e que nosso sofrimento decorre mais de nossas próprias opiniões do que de algo real. O círculo do conhecimento humano é limitadíssimo. Círculos maiores não incluem integralmente os menores. Eles interpõem-se, mas o segmento em que há intersecção é irrisório. É como se tudo que estiver fora desse espaço não exista para ambos. Essa é a causa de incontáveis litígios. A pessoa de inteligência superior precisa ser muito generosa com as outras. Grata por tantas bênçãos, deve fazer tudo ao seu alcance para iluminar os próximos menos favorecidos, em vez de ficar zangada com eles e com a má sorte deles. A eles foi negada a luz. Isso já não é punição suficiente? A partir dos 17 anos, Marco Aurélio começou a ajudar o tio dele a governar o grandioso Império Romano. E o jovem adotou como firme objetivo restringir o poder dos fortes e auxiliar os fracos. Estudou a legislação de seu país não só para adquirir conhecimentos, mas para torná-la mais benéfica a seu povo. A vida inteira tentou alçar seus compatriotas a um patamar mais alto e convencê-los a pensar uns nos outros de forma caridosa. Morava no palácio, mas com a simplicidade do povo. Passava temporadas prazerosas em sua casa de campo. Lá, na sua biblioteca, meditava sobre os grandes problemas da vida. Defendia que a vida de uma pessoa deveria ser avaliada conforme o valor das coisas às quais se dedicava e nas quais prestava atenção. Se a pessoa concentrasse todos os seus pensamentos em estar bem-vestida, bem-alimentada e confortavelmente alojada, o valor dela era o mesmo de outros animais com boas tocas e fontes de alimento. Contudo, essa pessoa obteria maior deleite e benefício nessa vida se agisse de acordo com a razão. Ou seja, cada ser humano precisa deixar suas mais nobres faculdades governarem todo o restante. Cada um de nós deve tratar o próximo com bondade e generosidade. Se não pudermos ajudá-lo a alcançar um nível superior, pelo menos não devemos obstaculizar o seu caminho. Ao falar da brevidade do tempo e do valor da fama, da riqueza e do poder, tão cobiçados pelas pessoas neste mundo, Marco Aurélio não fala como alguém que ambiciona essas coisas, mas como um imperador romano que já desfruta das maiores honrarias que alguém poderia alcançar na vida. Com certeza ele tinha plenas condições de falar com propriedade sobre esses tópicos, e suas opiniões deveriam influenciar as gerações vindouras. Assim como a juventude em peso talvez prefira ler outros livros em vez de a Bíblia, ler uma obra com essas meditações pode ser um desafio para os jovens. Mesmo assim, é uma leitura que deveria ser "obrigatória". Utilizar esse tipo de literatura nas escolas talvez seja tão valioso quanto somar, subtrair, multiplicar e dividir números intermináveis, decorar o nome de todos os rios, cabos e baías deste mundo, bem como as datas de todas as batalhas que aconteceram desde a criação da humanidade. Precisamos nos esforçar para estimular as faculdades de raciocínio dos jovens, induzindo-as a formar julgamentos sábios sobre as coisas importantes da vida, sem atentar muito aos caprichos deles. Afinal, nessa idade estamos começando a formar uma opinião inteligente sobre o que é melhor para nós.

Quando lemos *Meditações* de Marco Aurélio Antonino pela primeira vez, sublinhamos muitas frases que nos parecem excelentes. Na segunda leitura, sublinhamos o dobro de frases. É difícil realçar partes quando tudo está perfeito, mas vamos citar apenas uma de suas reflexões para ilustrar essa tendência. Ele afirma: "Muitas vezes me pergunto: se todas as pessoas amam a si mesmas mais do que amam o restante da humanidade, por que dão menos valor à sua própria opinião sobre si mesmas do que à opinião das outras?".

Esta edição traz o texto integral de *Meditações* na tradução de George Long, conforme publicada pela Editora Little, Brown & Co. A bem da concisão, os ensaios de Long sobre a biografia e a filosofia de Marco Aurélio são apresentados em uma versão mais enxuta. Também colocamos o estudo sobre a filosofia após *Meditações*, em forma de suplemento. Em nosso ponto de vista, é melhor que o leitor saiba detalhes teóricos após a leitura do texto em si. Pretendemos lançar uma edição de bolso, em papel fininho, para tornar prático e conveniente o uso de quem deseja estudar a obra com afinco. Também planejamos publicar uma edição semelhante dos escritos de Epiteto, outro filósofo estoico.

EDWIN GINN
20 de janeiro de 1893

A VIDA DE MARCO AURÉLIO ANTONINO

Marco Antonino, filho de Ânio Vero e Domícia Calvila, nasceu em Roma no ano 121 d.C. O futuro imperador Antonino Pio era casado com Faustina, irmã de Ânio Vero; por isso, era tio de Marco Antonino. O imperador Adriano adotou Antonino Pio como filho e o declarou seu sucessor no império. Antonino Pio, por sua vez, adotou Lúcio Vero[1] e Marco Antonino, mais conhecido como Marco Aurélio Antonino.

O jovem recebeu uma educação muito cuidadosa. Agradece aos deuses (Livro I.17) a graça de ter bons avós, bons pais, boa irmã, bons professores, bons colegas, bons parentes e amigos – enfim, quase tudo de bom. Teve a felicidade de testemunhar o exemplo de seu tio e pai adotivo, Antonino Pio, e registrou em sua obra (I.16; VI.30) as virtudes desse excelente homem e prudente governante. Como muitos jovens romanos, arriscou-se na poesia e estudou retórica. Cartas mostram a grande afeição do aluno pelo mestre e as grandes esperanças que o mestre depositava em seu dedicado aluno.

Quando tinha 11 anos, Marco Aurélio passou a se vestir como os filósofos, com trajes simples e rústicos, a estudar arduamente e a viver uma existência atarefada e abstêmia, a ponto até mesmo de prejudicar a própria saúde. Deixou de lado a poesia e a retórica para concentrar-se na filosofia,

[1] O nome original de Lúcio Vero era Lucius Ceionius Commodus. (N. do T.)

enfileirou-se ao lado dos estoicos. Mas não deixou de estudar as leis, o que acabou se tornando uma valiosa preparação para o alto cargo que veio a ocupar. Também deve ter aprendido a disciplina romana das armas, item essencial na educação de um homem que depois teve de liderar tropas para combater povos guerreiros.

No Livro I das *Meditações*, Marco Aurélio registrou os nomes de seus mestres e as dívidas que tinha com cada um deles. Comenta esse aprendizado de um modo que só transparece vaidade ou falta de modéstia a quem analisa displicentemente as palavras com que se expressou. Quem chegar a essa conclusão está redondamente enganado. A intenção de Marco Aurélio é celebrar os méritos de seus vários professores, as coisas que eles ensinaram e o que os pupilos têm a aprender com eles. Além do mais, o Livro I e os demais onze livros foram produzidos para uso próprio; e, a confiarmos na observação ao cabo do Livro I, esse primeiro livro foi composto durante uma das campanhas de Marco Aurélio contra os quados[2], numa época em que celebrar as virtudes de seus ilustres mestres poderia fazê-lo recordar-se das lições e das aplicações práticas desses ensinamentos.

Sexto de Queroneia, neto de Plutarco, foi um dos professores de filosofia de Marco Aurélio. O próprio pupilo conta o que aprendeu com esse excelente homem (I. 9). Rústico, seu professor predileto (I.7), além de filósofo, tinha um bom senso prático em assuntos públicos. Quando Marco Aurélio subiu ao trono, Rústico se tornou seu conselheiro. Jovens destinados a altos cargos nem sempre têm sorte com o tipo de companheiros e professores que os cercam. Mas não conheço outro exemplo de jovem príncipe que tenha tido uma educação comparável à de Marco Aurélio.[3] Os professores destacavam-se por suas conquistas, e dificilmente

[2] Quados (em latim, *Quadorum*; em inglês, *Quadi*), tribo de bárbaros germânicos que habitava a atual Morávia. (N. do T.)

[3] A tradução e os ensaios de George Long foram publicados em 1862. Aqui no Brasil, na primeira metade do século XIX houve um desses raros e afortunados casos em que o príncipe tem um tutor à altura da missão. D. Pedro I nomeou José Bonifácio de Andrada e Silva para ser o responsável pela educação do pequeno Pedro de Alcântara, futuro imperador D. Pedro II. (N. do T.)

um corpo docente desse calibre será reunido outra vez. Quanto ao aluno? Não houve outro igual desde então.

Em julho de 138 d.C., Adriano faleceu, sendo sucedido por Antonino Pio. Por volta de 146 d.C., Marco Aurélio e Faustina (prima dele, filha de Pio) casaram-se. A primeira filha do casal nasceu em 147 d.C. De seu pai adotivo recebeu o título de "César", e pai e filho trabalharam na gestão do Estado. Pai e filho adotivo conviviam na mais perfeita e confiante amizade. Filho obediente, Marco Aurélio era amado e estimado pelo imperador Pio.

Em 161 d.C., com a morte de Antonino Pio, seu reinado chegou ao fim. Consta que o Senado instou Marco Aurélio a se tornar o único gestor do império, mas ele uniu-se ao outro filho adotivo de Pio, Lúcio Vero. Pela primeira vez, Roma foi comandada por uma junta de dois coimperadores. Indolente, Lúcio Vero apreciava os prazeres mundanos e mostrou-se indigno de sua posição. Porém, Marco Aurélio teve paciência com ele. Tudo indica que Lúcio Vero, por sua vez, admirava o caráter de seu irmão de criação e teve o bom senso de tratá-lo com respeito. O virtuoso imperador e o parceiro libertino viviam juntos e em paz. A aliança foi fortalecida quando a filha de Marco Aurélio, Lucila, tornou-se a esposa de Lúcio Vero.

O reinado de Marco Aurélio foi conturbado primeiramente por uma guerra com o Império Parta, na qual Lúcio Vero foi enviado ao comando; mas nada fez, e as vitórias romanas na Armênia, no Eufrates e no Tigre devem ser creditadas a seus generais. Em 165 d.C., essa guerra romano-parta terminou. Aurélio e Vero triunfaram, vitoriosos, no Oriente (166 d.C.). Nisso irrompeu uma peste que aniquilou muita gente em Roma e por toda a Itália, e alastrou-se pelo oeste europeu.

O norte da Itália também sofria a constante ameaça dos povos bárbaros do além-Alpes, desde as fronteiras da Gália até as bandas do leste do mar Adriático. Esses bárbaros tentaram invadir a Itália como os vândalos germânicos tentaram quase trezentos anos antes; o restante da vida de Marco Aurélio, com poucos intervalos, foi dedicado a repelir os invasores. De modo inesperado, em 169 d.C., Lúcio Vero morreu. A partir daí, Marco Aurélio governou o Estado sozinho.

Durante as guerras germânicas, Marco Aurélio morou por três anos na cidade de Carnuto, à beira do rio Danúbio. Expulsos da Panônia, os marcomanos foram quase dizimados em sua retirada através do Danúbio. Em 174 d.C., o imperador obteve uma grandiosa vitória sobre os quados.

Em 175 d.C., Avídio Cássio, corajoso e hábil comandante romano que liderava as tropas na Ásia, protagonizou uma tentativa de golpe, declarando-se Augusto. Mas a rebelião morreu na casca[4]: Avídio acabou morto por alguns de seus oficiais. Marco Aurélio mostrou seu caráter ao tratar com humanidade a família e os partidários de Cássio; sua carta ao Senado, em que recomenda misericórdia, ainda existe.

Marco Aurélio partiu rumo ao Oriente ao saber da rebelião de Cássio. De volta a Roma em 174 d.C., continuou a guerra para repelir os ataques das tribos germânicas. É provável que, por conta dessas guerras, ele tenha marchado direto ao Leste. A esposa dele, Faustina, acompanhou-o até a Ásia, mas teve morte súbita ao sopé da cordilheira de Taurus, na Capadócia. Marco Aurélio ficou inconsolável. Júlio Capitolino, biógrafo de Marco Aurélio, e também Dião Cássio acusam a imperatriz de escandalosa infidelidade ao marido e de lascívia abominável. Mas Capitolino afirma que Marco Aurélio não sabia ou fingia não saber. Seja qual for a época, nada há de tão comum quanto as más línguas, e a história da Roma imperial está repleta de relatos caluniosos. Marco Aurélio amava a esposa e afirma que ela era "obediente, carinhosa e simples". De escândalo igual foi alvo a mãe de Faustina, mas o marido dela, Antonino Pio, também se declarava muito feliz no casamento. Já viúvo, Antonino Pio escreveu uma carta a Frontão. Nessa carta expressou que preferia viver no exílio, com a esposa, do que sem ela no palácio em Roma. Poucos homens atribuiriam às respectivas esposas melhor caráter do que esses dois imperadores. Capitolino escreveu na época de Diocleciano. Embora bem-intencionado em dizer a verdade, é um biógrafo sem recursos e fraco. Dião Cássio, o mais

[4] **Morrer na casca** 1. (fig.) não vingar (um plano, uma negociação). (N. do T.)

maligno dos historiadores, sempre registrava todos e quaisquer escândalos contra qualquer pessoa, talvez por sua facilidade em acreditar neles.

Marco Aurélio seguiu em sua jornada pela Síria e pelo Egito. No regresso à Itália, passou por Atenas, onde foi iniciado nos mistérios eleusinos.[5] O imperador costumava se adaptar aos ritos estabelecidos da época e praticar cerimônias religiosas com toda a solenidade. Com base nisso, não podemos concluir que Marco Aurélio era um homem supersticioso. Até poderíamos chegar a essa conclusão, caso o livro dele não mostrasse o contrário. Mas esse é apenas mais um entre vários casos em que os atos públicos de um governante nem sempre provam suas verdadeiras opiniões. Em termos gerais, um governante prudente não se oporá nem mesmo às superstições de seu povo. Ele deseja um povo mais sábio, mas sabe que não vai conseguir isso ofendendo crenças.

Em 176 d.C., Marco Aurélio e seu filho Cômodo entraram em Roma em triunfo, talvez por vitórias nas guerras contra as tribos germânicas. No ano seguinte, Cômodo associou-se ao pai no comando do império e adotou o nome de Augusto. O ano de 177 d.C. entrou para a história eclesiástica. Átalo e outros foram trucidados em Lyon por sua adesão à religião cristã. Eusébio preservou uma carta que serve como prova dessa perseguição. A missiva descreve em detalhes as torturas infligidas aos cristãos na Gália. Durante a perseguição, a turba exigiu a morte de Átalo, cristão e cidadão romano. Os guardas o conduziram ao anfiteatro, mas o governador mandou que Átalo ficasse preso com os demais, até receber novas ordens do imperador. Muitos tinham sido torturados antes de o governador fazer a consulta a Marco Aurélio. O édito imperial, segundo a carta, mandava punir os cristãos, mas deveriam ser libertos caso negassem sua fé em Jesus Cristo. Com base nisso, os processos recomeçaram. Cristãos com cidadania romana foram decapitados; os demais foram jogados às feras na arena.

---

[5] Mistérios de Elêusis: ritos de iniciação ao culto das deusas agrícolas Deméter e sua filha Perséfone. (N. do T.)

Enquanto Marco Aurélio visitava o Oriente, os combates na fronteira norte aparentemente não cessaram. Ao voltar, o imperador outra vez deixou Roma para enfrentar os bárbaros. Numa grandiosa batalha em 179 d.C., o povo germânico foi derrotado. Nessa campanha, uma doença contagiosa acometeu o imperador, que morreu no acampamento, em 180 d.C., aos 59 anos. O filho Cômodo estava a seu lado. Os restos mortais do imperador (ou provavelmente suas cinzas) foram levados a Roma, onde o imperador morto recebeu a honra da deificação. Os mais ricos tinham em casa uma estátua ou um busto de Marco Aurélio. Na época em que Capitolino fez seus relatos, muita gente ainda tinha estátuas de Marco Aurélio Antonino entre suas divindades domésticas (*Dei Penates*). Ele tornou-se uma espécie de santo. Em memória do pai, Cômodo mandou erigir a "Coluna Antonina" que hoje domina a Piazza Colonna, em Roma. Ao redor da coluna, os baixos-relevos (*bassi rilievi*) em espiral celebram as vitórias de Marco Aurélio contra os marcomanos e os quados, bem como a chuva milagrosa que refrescou os soldados romanos e perturbou os inimigos. A estátua de Marco Aurélio se erguia sobre o capitel da coluna, mas foi removida em algum momento na linha do tempo. Por ordem do papa Sisto V, uma estátua de bronze de São Paulo foi instalada em seu lugar.

Para termos uma ideia apropriada sobre a situação dos cristãos no reinado de Marco Aurélio, é preciso retroceder à época de Trajano. Quando Plínio, o Jovem, governava a Bitínia, muitos cristãos habitavam aquelas paragens, e os adoradores da antiga religião minguavam. Com os templos desertos e os festivais desprestigiados, ninguém mais comprava vítimas para sacrifício. Assim, os interessados em manter a antiga religião perceberam que seus lucros estavam em risco. Cristãos de todas as idades e sexos eram levados perante o governador, que não sabia o que fazer com eles. A única conclusão à que chegou foi a de punir aqueles que confessavam ser cristãos perseverantes. Mas descobriu que a obstinação dos cristãos era invencível. Não foi comprovado qualquer crime cometido pelos cristãos. Plínio considerou a nova religião uma superstição depravada e extravagante, capaz de ser sustada se o povo tivesse oportunidade de se retratar. Por isso, Plínio enviou uma carta a Trajano. Sem saber como agir, ele pediu orientações ao imperador. Salienta que nunca havia se envolvido em investigações judiciais sobre os cristãos. Portanto, não sabia o que investigar, nem até que ponto investigar e punir. Isso prova que não era uma novidade o controle da prática do cristianismo pelo povo e a punição de quem se declarava cristão. O édito de Trajano ainda existe: aprovou a decisão do governador sobre o assunto, mas dizia que nenhuma busca deveria ser feita no encalço de cristãos. Se alguém da nova religião fosse condenado, a punição seria suspensa caso o acusado afirmasse não ser cristão e mostrasse reverência aos deuses pagãos. E acrescentou: não se deve dar crédito a informações anônimas, pois era mau exemplo. Calmo e sensato, Trajano, por questões de misericórdia e política, provavelmente foi induzido a não dar muita atenção aos adeptos do cristianismo e, se possível, a deixá-los viver em paz. O édito de Trajano é o primeiro ato legislativo de um chefe de Estado romano com referência ao cristianismo de que se tem notícia. Sob seu reinado, não parece que os cristãos foram alvo de sérias perseguições.

Já no tempo de Adriano, o governo romano não tinha mais como desconsiderar o crescente número de cristãos e a hostilidade das pessoas comuns em relação a eles. Mesmo se os governadores das províncias estivessem dispostos a deixá-los em paz, era difícil resistir aos apelos fanáticos da comunidade pagã, que encarava os cristãos como ateus. Também a comunidade judaica, estabelecida em todo o Império Romano, mostrava-se hostil aos cristãos, em igual proporção que os gentios. No reinado de Adriano surgem as Apologéticas Cristãs[6], que escancaram o sentimento popular sobre os cristãos naquele período. Um édito de Adriano, enviado a Minúcio Fundano, procônsul da Ásia, citado no final da primeira Apologética de Justino, instrui o governador, dizendo que pessoas inocentes não deveriam ser incomodadas e falsos acusadores não tinham autorização para extorquir dinheiro deles. Acusações contra os cristãos deveriam

[6] Quadrato, Aristão, Milcíades, Apolinário, Melitão, Aristides de Atenas e Justino (o mais destacado) são alguns dos apologistas. Mais informações em https://www.veritatis.com.br/os-apologistas/. (N. do T.)

ser realizadas dentro da lei, sem dar atenção ao clamor popular. Quando os cristãos fossem adequadamente processados e condenados, receberiam punições proporcionais a seus atos, mas falsos acusadores também seriam passíveis de punição. Consta que Antonino Pio publicou éditos de igual teor. Os termos do édito de Adriano soam bastante favoráveis aos cristãos. Por outro lado, atos ilegais eram comumente punidos sem precisar dos aconselhamentos do imperador. Então, qual a real finalidade do édito? Simples: punir os cristãos que persistiam em suas crenças e não comprovavam sua renúncia ao reconhecer a religião pagã.

Marco Aurélio, por sua vez, vivenciou oposição ainda mais forte entre as velhas e as novas crenças. Os adeptos da religião pagã cobravam das autoridades uma resistência mais intensa à invasão da fé cristã. Melitão, em sua Apologética a Marco Aurélio, revela que os cristãos da Ásia sofrem perseguição sob as novas ordens imperiais. Conta que delatores infames, ávidos pela propriedade alheia, aproveitavam-se dessas ordens como meio de se locupletar e de roubar quem não fazia mal algum. Duvida que um imperador justo tenha ordenado algo tão injusto; e, se a última ordem realmente não fosse do imperador, os cristãos suplicavam: não nos entreguem a quem nos considera inimigos! Disso conclui-se que Marco Aurélio no mínimo assinou éditos ou preceitos que se tornaram a base dessas perseguições. Nesse tempo, ser cristão era crime passível de castigo, a menos que o acusado negasse sua religião. Em seguida, vieram as perseguições em Esmirna, que alguns acadêmicos modernos situam em 167 d.C., uma década antes da perseguição de Lyon. Os governadores das províncias de Marco Aurélio já teriam encontrado justificativas suficientes no édito de Trajano para punir os cristãos. Além disso, o fanatismo do povo os levaria à perseguição, mesmo se os governadores assim não o quisessem. Os cristãos, contudo, além de rejeitarem todas as cerimônias pagãs, não escondiam que consideravam falsas todas as religiões pagãs. Em guerra declarada contra os ritos pagãos, os adeptos do cristianismo desafiavam o governo romano em tom de hostilidade. O governo, por sua vez, tolerava as várias formas de superstição que existiam no império, mas não podia tolerar consistentemente uma religião que declarava que todas as outras eram falsas e que todas as esplêndidas cerimônias do império não passavam de adoração demoníaca.

Uma verdadeira história eclesiástica deveria incluir como os imperadores romanos tentaram controlar a nova religião; como aplicaram seu princípio de enfim punir os cristãos, simplesmente por serem cristãos, coisa que Justino em sua Apologética afirma que fizeram, e não tenho dúvidas de que ele diz a verdade. Até que ponto chegou o clamor popular e os tumultos nessa questão? Até que ponto muitos cristãos fanáticos e ignorantes (pois havia muitos) contribuíram para incitar o fanatismo do outro lado e acirrar a disputa entre o governo romano e a nova religião? As nossas histórias eclesiásticas que hoje existem são manifestadamente falsificadas, e a verdade nelas contida está excessivamente exagerada. Uma coisa é certa: no tempo de Marco Aurélio, as populações pagãs tratavam os cristãos com hostilidade notória, e, sob as ordens de Marco Aurélio, pessoas foram condenadas à morte por serem cristãs. No prefácio de seu quinto livro, Eusébio realça que no 17º ano do reinado de Marco Aurélio, em algumas partes do mundo, a perseguição aos cristãos tornou-se ainda mais violenta e vinha da população urbana. Acrescenta, em seu costumeiro estilo hiperbólico, que é possível deduzir, com base no que aconteceu em uma única nação, que miríades de mártires medraram nas terras habitáveis. A Gália é a nação à qual se refere; e em seguida discorre sobre as cartas às igrejas de Viena e Lugduno. É bem provável que tenha atribuído a verdadeira causa das perseguições ao fanatismo do povo. O fato é que os governadores e o imperador enfrentaram muitos problemas com esses distúrbios. Até que ponto Marco Aurélio estava ciente desses procedimentos cruéis? Não há como saber, pois os registros históricos de seu reinado são muito precários. Não foi dele a autoria das normas contra os cristãos, pois herdou isso de Trajano. Mesmo se admitíssemos que Marco Aurélio estava disposto a deixar os cristãos em paz, não há como afirmar que isso estaria em sua alçada. É um grande erro supor que Marco Aurélio tinha a autoridade ilimitada que alguns soberanos modernos tiveram. Seus poderes eram restritos a uma série de preceitos constitucionais, pelo Senado e pela legislação prévia de seus predecessores. Não há como rotular Marco Aurélio de um perseguidor ativo, pois não há evidências de que ele tenha sido. Mas é certo que ele não tinha os cristãos em alta conta, como deixa transparecer em suas próprias palavras. Mas nada sabia sobre eles, além de sua hostilidade à religião romana. Provavelmente os considerou perigosos para o Estado, apesar das declarações falsas ou verdadeiras de alguns apologéticos. Eu fiz questão de tocar no assunto, afinal seria injusto não revelar tudo que pode ser levantado contra um homem venerado por seus contemporâneos e pelas épocas posteriores como modelo de virtude e benevolência. A admitir a autenticidade de alguns documentos, ele estaria completamente isento da acusação até mesmo de permitir qualquer perseguição; mas, como eu procuro a verdade e tenho a certeza de que esses documentos são falsos, deixo Marco Aurélio arcar com toda e qualquer culpa que lhe seja devida. Acrescento, apenas, que Marco Aurélio certamente não extraiu nenhum de seus princípios éticos de uma religião sobre a qual nada sabia.

Não há dúvida de que as reflexões do imperador – suas famosas *Meditações* – constituem uma obra autêntica. No Livro I fala de si mesmo, de sua família e de seus professores; nos outros livros menciona a si próprio.

Fica óbvio que o imperador anotava seus pensamentos ou reflexões ao correr da pena, à medida que surgia a ocasião. Já que se destinavam a seu uso, existe a probabilidade de Marco Aurélio ter deixado um manuscrito de sua própria lavra. Não seria provável que alguém tão diligente usasse o trabalho de um transcritor para esse fim, expondo seus pensamentos mais secretos aos olhos de outrem. Talvez sua intenção fosse deixar o livro a seu filho Cômodo, o qual, porém, não apreciava a filosofia do pai.

No século VI, Simplício comentou o *Enquirídio* de Epiteto e fez um apanhado da filosofia estoica. Simplício não era cristão e provavelmente não se converteria nessa época, quando o cristianismo estava rudemente corrompido. Mas era mesmo religioso e arremata seu ensaio com uma prece à Divindade que cristão algum faria melhor. Vigente por novecentos anos, de Zenão a Simplício a filosofia estoica moldou o caráter de algumas das melhores e maiores personalidades.[7] A grandeza de uma pessoa não está em sua riqueza e posição social, como vulgarmente se acredita, nem em sua capacidade intelectual – associada muitas vezes a uma postura mesquinha de arrogância com pobres e humildes e do mais odioso servilismo para com as elites. A verdadeira grandeza de uma pessoa reside na consciência de um propósito honesto na vida, com base na justa avaliação de si mesmo e de tudo o mais, na autoanálise frequente e na obediência constante às regras que ela considera acertadas, como afirma Marco Aurélio, sem se preocupar com o que os outros vão pensar ou dizer, ou se vão fazer ou não o que ela pensa, diz e faz.

---

[7] No breve capítulo intitulado "O objetivo da vida é viver de acordo com a natureza", a moderna enciclopédia *O Livro da Filosofia* dedica uma de suas páginas à doutrina fundada por Zenão de Cítio e conclui: "O estoicismo conquistou apoio em grande parte da Grécia helenista, mas atraiu ainda mais seguidores no Império Romano, que estava em expansão, onde floresceu como uma base para a ética pessoal e política". (N. do T.)

LIVRO I

1. Com Vero, o meu avô, aprendi a seguir bons princípios e a controlar meu temperamento.

2. Com o meu pai, sua reputação e sua memória, aprendi a ser modesto e corajoso.

3. Com a minha mãe, aprendi a ter compaixão, a fazer o bem, a evitar ações más e pensamentos maus, e a viver na simplicidade sem o luxo dos ricos.

4. Com o meu bisavô, aprendi que não é preciso frequentar a escola se tivermos bons professores em casa, e que não devemos economizar com a educação.

5. Com o meu tutor, aprendi a ser imparcial: em corridas de bigas, não torcer para os Azuis nem para os Verdes; e, nas lutas dos gladiadores, não torcer para quem usa o escudo pármula (pequeno e redondo) nem o escudo samnite (grande e retangular).[8] Com ele também aprendi a trabalhar arduamente

[8] O filme *Gladiador*, de Ridley Scott, vencedor do Oscar de Melhor Filme, mostra esses dois tipos de escudos. Marco Aurélio é interpretado por Richard Harrison. Uma análise do que é verídico ou não no filme está no artigo de Max Gehringer da Superinteressante, https://super.abril.com.br/historia/a-verdade-sobre-gladiador/. (N. do T.)

sem reclamar, a me satisfazer com pouco, a fazer trabalhos manuais, a não meter o bedelho na vida alheia e a não dar ouvidos a calúnias e difamações.

6. Aprendi com Diogneto a não me ocupar de coisas fúteis e a não dar crédito ao que foi dito por milagreiros e prestidigitadores sobre encantamentos e exorcismo de demônios e coisas assim. A não criar codornas para rinha[9] nem me entregar apaixonadamente a esse tipo de atividade. Aprendi a respeitar a liberdade de expressão e a me tornar íntimo da filosofia. A ser ouvinte primeiro de Báquio, e depois de Tandário e Marciano. A escrever diálogos em minha juventude, a aceitar uma cama de campanha e um cobertor de peliça e tudo o mais que pertence à disciplina grega.

7. Com Rústico aprendi que a formação do caráter exige aperfeiçoamento e disciplina. Com ele também aprendi a não me deixar atrair pela emulação sofística e a não escrever sobre temas especulativos, nem a fazer pequenos discursos exortatórios, tampouco a me mostrar como pessoa que pratica muito a disciplina ou que faz atos de benevolência só para se exibir. Aprendi a me abster de retórica, da poesia e da escrita pomposa; a não andar pela casa com a roupa de sair na rua, nem coisas do tipo; a escrever minhas cartas com simplicidade, como a carta que Rústico escreveu de Sinuessa à minha mãe.[10] Aprendi, também, a estar disposto a fazer as pazes e me reconciliar com quem me ofendeu com palavras ou atos. A ler com atenção e a não me contentar com a análise superficial de um livro;

[9] Na tradução de George Long, *quail*, também chamada "codorniz" em português. Em pleno século XXI, em alguns locais do mundo, como o Afeganistão, codornas silvestres ainda são capturadas para serem utilizadas em rinhas. Vide reportagem em https://www.theguardian.com/sport/video/2013/may/31/quail-fighting-afghanistan-video. (N. do T.)

[10] As ruínas de Sinuessa situam-se no município italiano de Mondragone, no golfo de Gaeta, ao norte de Nápoles. (N. do T.)

a não consentir apressadamente com quem fala pelos cotovelos. Também devo a ele o fato de estar familiarizado com os discursos de Epiteto, que ele me emprestou de sua coleção própria.

8. Com Apolônio, aprendi a ter livre-arbítrio e inabalável firmeza de propósito; a não olhar para mais nada, nem mesmo por um momento, exceto para a razão; e me comportar sempre igual, seja nas dores amargas, seja na ocasião da perda de um filho ou em uma doença demorada. E a ver que é possível ser resoluto e submisso – ele foi um exemplo vivo disso. Com Apolônio, aprendi também a não ser rabugento ao dar instruções, seguindo o exemplo de quem obviamente considera sua experiência e sua habilidade em expor princípios filosóficos como os menores de seus méritos. E aprendi com ele a receber dos amigos favores estimados, sem me sentir humilhado por eles nem os deixar passar despercebidos.

9. Com Sexto, aprendi a ter disposição benevolente, o exemplo de uma família governada de modo paternal e a ideia de viver conforme a natureza. A mostrar seriedade sem afetação e a cuidar atenciosamente dos interesses dos amigos. A tolerar pessoas ignorantes e que formam opinião sem pensar. Ele tinha a capacidade de se articular prontamente com todos; conversar com ele era mais agradável do que ser bajulado por outrem. Ao mesmo tempo, era muito venerado por quem o rodeava: tinha a faculdade tanto de revelar quanto de organizar, de maneira inteligente e metódica, os princípios necessários à vida. Nunca deixou transparecer raiva ou qualquer outro sentimento intenso. Era completamente livre de paixões e ao mesmo tempo também muito afetuoso. Expressava aprovação discretamente e tinha muitos conhecimentos sem ostentá-los.

10. Com Alexandre, o gramático, aprendi a me abster de tecer críticas e censuras reprovadoras a quem proferiu expressão bárbara, solecismo

ou estranheza, mas, em vez disso, habilmente introduzir a expressão certa a ser aplicada, como se fosse uma resposta ou uma confirmação. Aprendi também a participar de uma investigação sobre o fato em si, e não sobre a palavra ou outra sugestão adequada.

11. Com Frontão, aprendi a detectar a inveja, a falsidade e a hipocrisia típica dos tiranos. Ele também me ensinou que aristocratas em nosso meio chamados de "patrícios" são as pessoas que mais carecem de afeto paterno.

12. Com Alexandre, o platônico, aprendi a não ficar dizendo toda hora, nem escrevendo em cartas, que não tenho tempo livre. Aprendi que não devemos continuamente nos desculpar por negligenciar os deveres com as pessoas de nosso convívio sob o pretexto de ter ocupações urgentes.

13. Com Catulo, aprendi a levar em conta as críticas de um amigo, mesmo se a crítica parecer injustificada, mantendo com ele uma amizade normal. A estar sempre disposto a falar bem dos professores, como faziam Domício e Atenódoto; e a amar meus filhos genuinamente.

14. Com meu irmão Severo, aprendi a amar os parentes, a verdade e a justiça. Por meio dele, aprendi a conhecer Trásea, Helvídio, Catão, Dião, Brutus; dele concebi a ideia de um governo em que a mesma lei vale para todos, um governo administrado com respeito aos direitos iguais e à liberdade de expressão igualitária; a ideia de um governo verdadeiro que respeite, acima de tudo, a liberdade do povo governado. Também aprendi com ele a consistência e a inabalável firmeza em estudar filosofia; a disposição para fazer o bem e oferecer ajuda aos outros, a nutrir boas esperanças e a crer que sou amado por meus amigos. Nunca escondeu suas opiniões sobre as pessoas a quem condenava, e também nunca ninguém precisou conjeturar o que estava querendo ou deixando de querer, pois isso ficava bem claro.

15. Com Máximo, aprendi a me autogovernar e a não me desviar de meu rumo por nada; a mostrar alegria em todas as circunstâncias, inclusive na doença; a cultivar um caráter que mescle, com perfeição, a doçura e a dignidade. Também aprendi com ele a cumprir minhas tarefas sem reclamar. Máximo era admirado por não falar antes de pensar e por nunca ter más intenções. Não transparecia espanto nem surpresa. Nunca se apressava e nunca procrastinava! Nada o deixava perplexo, nada o fazia perder o ânimo. Jamais riu para disfarçar um vexame nem nunca se mostrou passional ou desconfiado. Tinha o costume de ajudar o próximo, perdoava fácil e andava bem longe de todas as falsidades. Aparentava ser uma pessoa incapaz de se desviar do caminho certo, em vez de uma pessoa que demorou para encontrar esse caminho. Máximo não desprezava ninguém e não se achava melhor do que ninguém. De modo agradável, dominava a arte de ser bem-humorado.

16. Com o meu pai, aprendi a brandura de temperamento e a só tomar uma decisão após pensar bem – mas, após tomá-la, permanecer resoluto. A não me vangloriar por honrarias. A ter amor pelo trabalho e pela perseverança; a estar sempre pronto a ouvir quem tem algo a propor pelo bem comum. Aprendi a solidez em tratar cada pessoa conforme ela merece. A saber a hora de morder e a hora de assoprar. A superar o interesse por meninos; a não me achar melhor que outro cidadão; a isentar os amigos da obrigação de jantar com ele ou de atendê-lo em caso de necessidade quando viajasse ao exterior. A ser sempre o mesmo inclusive para quem deixava de acompanhá-lo, por motivo de urgência. Aprendi a me espelhar também em seu hábito de fazer uma investigação cuidadosa em todos os assuntos deliberativos, e a persistir na investigação, sem ficar satisfeito com as primeiras aparências. A cultivar as amizades e a não se cansar delas com rapidez. A mostrar afeto sem estardalhaço; a estar sempre satisfeito e contente; a exercer a previsibilidade, a cuidar dos mínimos detalhes sem

me gabar por isso. A logo interromper aplausos e ovações populares. A estar sempre atento a tudo que é necessário à gestão do império. A controlar os gastos e a estar pronto para ser criticado por isso. A evitar superstições em relação aos deuses, a evitar bajular as pessoas ou tentar agradá-las a fim de ganhar presentes em troca, a evitar adular o povo. A mostrar sobriedade e firmeza em todas as coisas; a me manter longe de atos e pensamentos mesquinhos. A ficar longe da mania por novidades. A utilizar os itens que tornam a vida confortável – que a riqueza traz bastante – sem arrogância e sem ficar se desculpando. Ele curtia essas coisas, mas não ficava ansioso por elas quando estavam indisponíveis. Ninguém jamais poderá dizer que ele foi um sofista ou pândego, ou pedante. Ao contrário, todos o consideravam uma pessoa madura, perfeita, acima da bajulação, capaz de administrar os próprios negócios e os dos outros. Honrou os verdadeiros filósofos. Não repreendeu os que fingiam ser filósofos, mas não se deixou conduzir por eles. Pessoa cordata, de bom papo, sem quaisquer afetações ofensivas. Cuidava da saúde corporal, mas não por apego excessivo à vida, nem por vaidade, nem com displicência. Com esses cuidados, raramente precisava de ajuda médica ou tratamentos externos. Sempre pronto a reconhecer sem inveja quem tinha uma faculdade especial, como a eloquência, o conhecimento das leis ou da moral, ou outro domínio. Auxiliava para que essas pessoas conquistassem sua merecida reputação e dela desfrutassem. Sempre atuou em conformidade com as instituições de seu país, sem mostrar afetação por isso. Além do mais, não apreciava mudanças e instabilidades; preferia ficar nos mesmos lugares e se dedicar às mesmas coisas; após as crises de dores de cabeça, logo retomava, com ânimo e vigor, seus afazeres habituais. Só fazia segredo sobre assuntos de natureza estatal; mostrava prudência e economia na realização de espetáculos públicos e na construção de prédios públicos, nas doações ao povo e coisas afins: sempre focava o que precisava ser feito, e não a reputação obtida por seus atos. Não tomava banho fora do horário; não gostava de construir casas, não era curioso em relação ao que comia, nem sobre a textura e a cor de suas roupas, e se mostrava indiferente perante a beleza de seus escravos.[i] Suas vestes vinham de Lorium, sua casa de praia, e de Lanuvium em geral.[ii] Sabemos de sua resposta ao cobrador de pedágio em Tusculum que lhe solicitou perdão; o comportamento dele era assim. Nele nada havia de ríspido, implacável ou violento. Nunca se esfalfava ou suava; em vez disso, analisava tudo separadamente, dando tempo ao tempo, sem atrapalho, com ordem, vigor e consistência. Nisso ele nos lembra Sócrates, que conseguia se abster dos excessos e aproveitar o frugal. Ter força suficiente na hora de suportar e sobriedade na hora de gozar é a marca da pessoa com alma perfeita e invencível, e isso ele mostrou na doença de Máximo.

17. Agradeço aos deuses por ter tido bons avós, bons pais, boa irmã, bons professores, bons companheiros, bons parentes e amigos, quase tudo de bom. Também devo aos deuses por não ter me precipitado e cometido alguma ofensa contra essas pessoas, embora estivesse inclinado a fazer algo assim, caso surgisse a oportunidade; mas, pela bondade dos deuses, essas circunstâncias não se concretizaram. Sou grato aos deuses por não ter sido criado muito tempo pela concubina de meu avô, e por ter tido uma infância inocente e pura, por não ter dado provas de virilidade antes da época, e inclusive ter esperado um pouco além do tempo normal.[11] Por ser o súdito de um governante e pai capaz de me libertar de todo o orgulho e de me fazer entender que é possível viver num palácio sem querer guardas, vestes bordadas, tochas, estátuas e demonstrações desse tipo; mas que só depende de

[11] Akira the Don, na canção "Thanks to the Gods", a quarta das 10 faixas de seu álbum **Meditations Vol. 1**, em que o artista musicou e adaptou os dois primeiros livros das **Meditações** de Marco Aurélio, foi mais específico ao adaptar a letra: "Obrigado aos deuses por não ter perdido a virgindade cedo e só ter entrado na vida adulta na hora certa". O álbum, disponível no YouTube, é um triunfo ao mesclar o clássico e o moderno: https://www.youtube.com/watch?v=jk1Sr1kfIL4. (N. do T.)

cada um agir como pessoa privada e, ao mesmo tempo, evitar toda e qualquer mesquinhez de pensamento e toda e qualquer negligência na hora de fazer o que deve ser feito em prol do interesse público, como convém a um governante. Agradeço aos deuses por me terem dado um irmão que, por seu caráter moral, soube me despertar a vigilância sobre mim mesmo, e que ao mesmo tempo me agradou por seu respeito e afeto; por meus filhos terem nascido sadios na mente e no corpo; por não ter me aprofundado mais na retórica, na poesia e nos outros estudos, nos quais talvez eu tivesse me envolvido completamente se notasse algum progresso neles; por ter me apressado a colocar em posição de honra as pessoas que me criaram: era isso que esperavam de mim – não que eu as afastasse na esperança de só reconhecer isso mais tarde só porque ainda eram jovens; por eu ter conhecido Apolônio, Rústico, Máximo; por ter recebido impressões claras e frequentes sobre viver de acordo com a natureza e como é a vida de quem segue esse preceito. Assim, até onde os deuses interferem, com seus dons, ajudas e inspirações, nada me impediu de viver em plenitude com a natureza, e, se faltou um pouquinho para isso, foi por minha própria culpa, por não observar as advertências dos deuses e, quase posso dizer, suas instruções diretas. Agradeço aos deuses por meu corpo ter aguentado tanto tempo esse tipo de vida; por eu nunca ter encostado em Benedita nem em Teódoto; por ter me curado das paixões amorosas que tive e por nunca ter agido mal com Rústico, embora muitas vezes ele tenha me deixado de mau humor. Agradeço aos deuses porque a minha mãe, embora tenha morrido tão jovem, ao menos passou os últimos anos de vida comigo; agradeço aos deuses porque, sempre que desejei ajudar alguém em necessidade ou qualquer outra ocasião, nunca ninguém me disse que eu não tinha condições de fazê-lo. Agradeço aos deuses porque nunca tive essa mesma necessidade de receber algo de outrem. Agradeço aos deuses porque minha esposa é obediente, carinhosa e simples; porque meus filhos sempre tiveram bons professores; porque, durante meus sonhos, remédios me foram mostrados contra cuspir sangue e vertigens; porque, ao mostrar pendor à filosofia, não caí nas garras de um sofista e não perdi meu tempo com escrevinhadores de histórias nem com a resolução de silogismos, tampouco com o estudo dos corpos celestes. Por tudo isso, só tenho a agradecer aos deuses e à boa fortuna.

Entre os quados à margem do rio Hron.[iii] [12]

[12] Esta frase outrora era tida como a conclusão do Livro I. Em traduções modernas, é considerada a abertura do Livro II. Para realçar a existência de ambas as possibilidades, nesta tradução feita em 2022 a frase será colocada entre os dois Livros, e o leitor pode interpretar das duas maneiras. (N. do T.)

LIVRO II

1. Comece a manhã dizendo a si mesmo: hoje vou me encontrar com o fofoqueiro, o ingrato, o arrogante, o enganador, o boçal, o invejoso. Esse povo é assim porque ignora a diferença entre o bem e o mal. Mas eu que conheço a bela natureza do bem e a feiura do mal, e a natureza de quem perpetra o mal, que é meu semelhante, não [só] do mesmo sangue ou linhagem, mas que participa da [igual] inteligência e [igual] porção da divindade, não posso ser ferido por nenhum deles, pois ninguém pode consertar em mim o que é feio, nem eu posso ficar com raiva de meu semelhante, nem odiá-lo. Afinal, somos feitos para a cooperação, como pés, como mãos, como pálpebras, como os dentes das arcadas superior e inferior. Agir uns contra os outros, então, é contrário à natureza, algo vergonhoso que devemos evitar.

2. Seja lá o que eu for, sou um pouco de carne e de espírito, e a parte que nos comanda, o intelecto.[13] Jogue fora seus livros; não se distraia mais: isso não é permitido! Em vez disso,

[13] Aqui cabe uma observação de natureza tradutória. O texto de Long utiliza *ruling part*; as traduções modernas, *command center*. Optamos por "intelecto" para definir a parte mais elevada da alma, o centro responsável por nossas consciências e pelos processos mentais, que hoje vinculamos ao cérebro, mas na época de Marco Aurélio era ligado ao coração. (N. do T.)

despreze a carne como se estivesse morrendo agora; é sangue, ossos e uma rede texturizada de nervos, veias e artérias. Tome fôlego e observe em que consiste o espírito: ar, e nem sempre o mesmo ar, mas sim a cada instante expelido e inspirado outra vez. E sobre a terceira parte, o intelecto, pense assim: a maturidade chegou; liberte o seu intelecto da escravidão, liberte-se de ser manipulado como uma marionete por impulsos egoístas, liberte-se da insatisfação com a sorte atual, liberte-se do medo do futuro.

3. Tudo o que vem dos deuses está repleto de providência divina. O que é do destino não se descola da natureza, mas se entrelaça e se entremeia com as coisas ordenadas pela providência. Dali fluem todas as coisas; inclusive as necessidades e o bem-estar do universo inteiro, do qual fazemos parte. O que é bom para cada parcela da natureza vem da natureza como um todo e serve para manter a integridade da natureza. Os elementos mudam, o que é composto por eles muda, mas o universo é preservado. Esses princípios devem se cristalizar e ser suficientes para você. Controle a sede por leitura para não morrer balbuciando, mas de modo alegre e autêntico, com o coração grato aos deuses.

4. Lembre-se: há quanto tempo você vem postergando essas coisas? Quantas oportunidades você recebeu dos deuses? E mesmo assim não as aproveita. Chegou a hora de enfim percebermos o tipo de universo do qual fazemos parte, e de qual arquiteto universal emana a nossa existência. Um limite de tempo nos é fixado, e, se não o utilizarmos para desanuviar nossas mentes, o tempo vai passar, e nós vamos passar, e as oportunidades não voltarão mais.

5. A cada momento, pense constante, com romana obstinação. Faça a tarefa em mãos com dignidade perfeita e simples, com senso de afeição, liberdade e justiça, para se livrar de todos os outros pensamentos. Faça cada ato de sua vida como se fosse o último e sentirá alívio. Deixe de lado toda a displicência, todas as paixões que o desviam dos princípios

da razão. Aceite o seu fardo e se liberte de toda hipocrisia, do amor-próprio e do descontentamento com a sua sorte. Preste atenção! Não é preciso muita coisa para deixar a vida fluir silenciosamente, como flui a existência dos deuses; nem os próprios deuses exigem mais de nós, além de observar esses princípios.

6. Minha alma, cause mal a si mesma! Cause mal a si própria e não terás mais a oportunidade de honrar-se. A vida de cada pessoa é suficiente. Mas a sua vida pode estar quase no fim, e assim mesmo a sua alma não se reverencia. Em vez disso, deposita sua felicidade nas almas dos outros.

7. Você se distrai com as coisas externas que o circundam e recaem sobre você? Dê um tempo a si mesmo para aprender algo novo e bom, e pare de andar em círculos. Evite também o outro extremo; pois também é irrelevante ficar se esfalfando na vida com tantas atividades sem, no entanto, um objetivo para orientar cada movimento e, em suma, todos os nossos pensamentos.

8. Quem não observa o que se passa na cabeça dos outros raramente é considerado infeliz; mas quem não observa o que se passa na própria cabeça com certeza é infeliz.

9. Tenha sempre isto em mente: Qual é a natureza do todo, e qual é a minha natureza? E como essas naturezas se relacionam; em que sentido essa parte tem a ver com o todo? Nada e ninguém nos impedem de fazer e dizer sempre as coisas que estão de acordo com a natureza da qual fazemos parte.

10. Teofrasto, comparando os maus atos – o tipo de comparação conforme as ideias comuns da humanidade –, declara, como um verdadeiro filósofo: as ofensas cometidas pelo desejo são mais censuráveis do que as cometidas pela raiva. Pois quem se deixa dominar pela raiva parece afastar-se da razão com certa dor e contração inconsciente; mas quem

se deixa levar pelo desejo, dominado pelo prazer, parece ser mais intemperante e mais frívolo em suas ofensas. Assim, com razão, e sob um prisma digno da filosofia, ele afirmou: a ofensa cometida com prazer é mais censurável do que a cometida com dor. Em geral, a pessoa sente raiva porque primeiro se sentiu prejudicada. Mas a pessoa que se deixa levar pelo desejo segue impulsos de fazer o mal.

11. Levando em conta que você pode se afastar da vida a qualquer momento, comande cada ato e cada pensamento com base nisso. Mas se afastar do seio dos seres humanos, se houver deuses, não é algo a temer, pois os deuses não nos envolverão no mal; mas, se de fato não existem ou não se preocupam com assuntos humanos, de que vale viver num universo sem deuses ou sem providência? Na realidade eles existem e se importam com as coisas humanas. Além do mais, colocaram a nosso alcance todos os meios para nos capacitar a não soçobrar diante dos verdadeiros males. E, se houvesse um mal em nosso caminho, providenciariam para que estivesse em nossa capacidade não o experimentar. Mas, se algo não torna uma pessoa pior, como isso vai piorar a vida dela? É impossível que a natureza do universo tenha negligenciado isso, seja por ignorância, seja por ter conhecimento e ser incapaz de evitar ou corrigir essas coisas; é impossível que tenha cometido um erro tão grande, por incapacidade ou inépcia, o erro de deixar que bem e mal aconteçam indiscriminadamente aos bons e aos maus. Mas, sem dúvida, morte e vida, honra e desonra, dor e prazer – todas essas coisas acontecem igualmente a pessoas boas e más; são coisas que não nos tornam melhores nem piores. Portanto, não são nem boas nem más.

12. Com que rapidez tudo desaparece – no universo, os próprios corpos, e, com o tempo, a lembrança deles. Qual é a natureza de todas as coisas práticas, e particularmente aquelas que atraem com a isca do prazer ou aterrorizam pela dor, ou são espalhadas pela fama vaporosa? Quão inúteis, desprezíveis, sórdidas, perecíveis e mortas elas são! Tudo isso

cabe à faculdade intelectual observar. Observemos também aqueles cujas opiniões e vozes ganham reputação. O que é a morte? E o fato de que, se uma pessoa analisar a morte como ela é, e, pelo poder abstrativo da reflexão, dissolver em suas partes todas as coisas que nela se apresentam à imaginação, então há de considerá-la nada mais que uma obra da natureza; e quem tem medo das obras da natureza é uma criança. Não é apenas uma obra da natureza, mas também algo que serve aos propósitos da natureza. Observemos também como o ser humano se aproxima da Divindade, e com qual parte dele, e quando essa parte humana for assim descartada (VI.28).

13. Nada é mais triste do que uma pessoa sempre correndo em volta enfiando o nariz onde não é chamada, como se diz, conjeturando o que está na mente de seus vizinhos, sem perceber que é suficiente atender ao *daimon*[14] dentro dela e reverenciá-lo sinceramente. E a reverência ao *daimon* consiste em mantê-lo livre da paixão e do descuido, livre da insatisfação com o que vem dos deuses e da humanidade. Porque as coisas dos deuses merecem veneração pela excelência delas; e as coisas humanas devem ser caras para nós por causa do parentesco; e às vezes até, de certa forma, nos comovem por causa da ignorância humana em relação ao bem e ao mal; esse defeito não é menor do que aquele que nos priva da capacidade de distinguir o branco do preto.

14. Você pode viver três mil anos ou trinta mil anos. Mesmo assim, lembre-se: nenhuma pessoa perde outra vida além da que vive agora, nem vive outra vida além desta que agora perde. Assim, a mais longa e a mais breve são niveladas. Pois o presente é igual para todos, embora o que desaparece não seja o mesmo; e assim o que se perde aparenta ser um fugaz momento. Uma pessoa não perde o passado nem o futuro: o

[14] Na tradução de George Long, ***daemon***, ou espírito guardião. Na tradução brasileira de Mário da Gama Kury, feita diretamente do grego (Ediouro, 1967), lê-se "Gênio", e o douto escolástico puxou uma nota de rodapé explicando: "**dáimon**: a voz interior, **o anjo da guarda**". (N. do T.)

que ela não tem, como alguém pode tirar isso dela? Tenha em mente, então, dois fatos. Primeiro: todas as coisas desde a eternidade têm forma semelhante e giram em círculo, e não faz diferença se a pessoa verá as mesmas coisas por cem anos, ou duzentos, ou um tempo infinito. Segundo: a pessoa que vive mais tempo e a que morre mais cedo perdem exatamente o mesmo. Pois o presente é a única coisa de que uma pessoa pode ser privada, se é verdade que essa é a única coisa que ela tem, e que uma pessoa não pode perder uma coisa se não a tiver.

15. Lembre-se: tudo é opinião. Salta aos olhos o que foi dito por Mônimo, o Cínico, e também salta aos olhos a aplicação da frase, se a pessoa obtém a verdade nela contida.

16. Primeiro e antes de tudo, a alma humana violenta a si mesma quando se torna um abscesso e, por assim dizer, um tumor no universo, tanto quanto possível. Ficar aborrecido com qualquer coisa que aconteça equivale a nos separarmos da natureza, a qual contém as naturezas de todas as outras coisas. Em segundo lugar, a alma violenta a si mesma quando se afasta de qualquer pessoa, ou mesmo se aproxima dela com a intenção de ferir, como são as almas das pessoas com raiva. Terceiro, a alma violenta a si mesma quando é dominada pelo prazer ou pela dor. Quarto, quando desempenha um papel e faz ou diz algo de forma insincera e falsa. Quinto, ao permitir que qualquer ato próprio e qualquer movimento seja sem objetivo, e faz algo sem pensar e sem considerar em que ele consiste, pois é certo que até mesmo as coisas mais ínfimas devem ser feitas com referência a um propósito; e o propósito dos animais racionais é seguir a razão e a lei da mais antiga cidade e política.

17. Da vida humana o tempo é uma partícula; e a substância, um fluxo; e a percepção, embotada; e a composição de todo o corpo, sujeita à putrefação; e a alma, um turbilhão; e o destino, difícil de adivinhar; e a fama, algo destituído de julgamento. E, para dizer tudo em uma palavra,

tudo o que pertence ao corpo é um córrego, e o que pertence à alma é sonho e vapor, e a vida é uma guerra, a peregrinação de um estranho, e depois – a fama é o esquecimento. O que então é capaz de conduzir uma pessoa? Só uma coisa: a filosofia. Mas isso consiste em manter o *daimon* dentro de nós livre de violência e ileso, superior a dores e prazeres; em não fazer nada sem um objetivo que não seja falso nem hipócrita; em não sentir a necessidade de outra pessoa fazer ou não fazer algo; e, além disso, em aceitar tudo o que acontece e tudo o que nos é atribuído como vindo de lá, de onde quer que seja, de onde nós próprios viemos. E, por fim, esperar a morte com a mente alegre, como simples dissolução dos elementos de que todo ser vivo é composto. Mas, se não há dano aos próprios elementos quando cada um se transmuta continuamente em outro, por que uma pessoa deve sentir alguma apreensão relativa à mudança e à dissolução de todos os elementos? Pois isso está de acordo com a natureza, e, se está de acordo com a natureza, não é mau.

Isso em Carnuto.[15]

[15] Traduções antigas deixam esta frase no Livro II; as modernas, no Livro III. Neste volume, a frase fica entre o Livro II e o III, permitindo ao leitor considerar ambas as possibilidades. (N. do T.)

LIVRO III

1. A nossa vida se esgota diariamente e uma fração dela nos resta, mas outro fator precisa ser levado em conta. Quanto mais a pessoa vive, mais incerto é se o discernimento continuará suficiente para entender as coisas e manter o poder de contemplação necessário para adquirir o conhecimento de assuntos divinos e humanos. Os primeiros sintomas da velhice não envolvem problemas de transpiração, nutrição, percepção e apetite. Antes disso vamos perdendo a capacidade de sermos úteis, de desempenharmos nossos deveres, de distinguir claramente as coisas e tudo o mais que exige um sólido raciocínio – inclusive considerar se chegou a hora de se afastar da vida. Melhor nos apressarmos então! Afinal, a cada dia estamos mais perto da morte, mas o que primeiro se esgota é a nossa capacidade de analisar e compreender as coisas.

2. Até mesmo os subprodutos dos fenômenos naturais contêm algo de agradável e atraente. O padeiro assa uma fornada de pães que racham na superfície. O aspecto da casca contraria a perícia do padeiro, mas é belo a seu modo e nos dá vontade de comer. Figos maduros se abrem; e azeitonas maduras adquirem uma beleza peculiar antes da putrefação. E os trigais curvados, e o sobrolho do leão, e a espuma que sai da boca dos javalis, e muitas outras coisas, embora estejam longe de ser belas se a pessoa examinar detidamente, ainda assim são consequências de coisas formadas pela natureza e, por isso, ajudam a adorná-las e agradam à mente.

Assim, a pessoa com sentimentos e compreensão mais profundos em relação às coisas produzidas no universo dificilmente observará uma dessas manifestações secundárias sem obter satisfação. Portanto, ela obtém igual prazer ao se deparar ou com as mandíbulas escancaradas de animais selvagens verdadeiros ou com as imitações feitas por pintores e escultores; e num casal de idosos percebe maturidade e beleza; e admira a sedutora beleza dos jovens com olhos castos; e muitas dessas coisas se apresentam sem agradar a todas as pessoas, mas só a quem se tornou verdadeiramente familiarizado com a Natureza e suas obras.

3. Hipócrates curou muitas doenças, então adoeceu e morreu. Os caldeus previram a morte de muitos, até que o destino os pegou também. Alexandre, Pompeu e Caio César, que em tantas ocasiões arrasaram cidades inteiras, e em batalhas despedaçaram milhares de soldados da cavalaria e da infantaria, também enfim deixaram a vida. Heráclito, após tanto especular sobre a conflagração do universo, encheu-se de água por dentro e morreu soterrado por um monte de esterco. Piolhos aniquilaram Demócrito; piolhos de outro tipo mataram Sócrates. O que significa tudo isso? Você embarcou, fez a jornada, chegou à praia; é hora de sair de cena. Se desembarcar em outra vida, bem, deuses também não hão de faltar por lá. Se desembarcar a um estado sem sensação, cessará de viver entre o prazer e a dor, cessará de ser um escravo dessa nau corporal, tão inferior a quem ela serve. Esta é inteligência e divindade; aquela, lama e corrupção.

4. Não desperdice o resto de sua vida pensando nos outros, a menos que esses pensamentos se refiram a algum objetivo de utilidade comum. Você perde a oportunidade de fazer outra coisa quando tem pensamentos do tipo: O que essa pessoa está fazendo? O que ela está dizendo e no que ela está pensando? E o que ela anda planejando, e por quê? Tudo isso nos desvia de observar a nossa própria aptidão intelectual. Precisamos interromper na cadeia de nossos pensamentos tudo o que é sem propósito e inútil, mas principalmente sentimentos malignos, de curiosidade exagerada. Uma pessoa deve se resguardar e só pensar em coisas superiores. De modo

que, se alguém nos perguntar de repente: "Em que você está pensando agora?", você possa com perfeita franqueza responder imediatamente isto ou aquilo; para que por meio da resposta fique claro que tudo em você é simples e benevolente, tal como convém a um animal social, e que você não fica pensando em prazeres sensuais, nem em rivalidades, invejas e suspeitas, ou em qualquer outra coisa da qual se envergonharia se dissesse que tinha isso em mente. A pessoa assim em breve estará entre as melhores, como um sacerdote e ministro dos deuses que usa também a divindade nela plantada. A pessoa assim não se deixa contaminar pelo prazer, atingir pela dor, ofender por qualquer insulto. Não tem sentimentos ruins. É uma lutadora da luta mais nobre, invencível por qualquer paixão, imersa profundamente no senso de justiça. Aceita com toda a alma tudo o que lhe acontece e o fardo que lhe é atribuído. Apenas por grande necessidade e pelo interesse geral, permite-se imaginar o que os outros dizem, fazem ou pensam. Apenas o que pertence a ela se transforma em matéria de suas atividades; pensa constantemente no que lhe cabe a partir da soma geral das coisas, torna seus próprios atos justos e está convencida de que sua própria parcela é boa. Pois o fardo atribuído a cada pessoa é levado com ela e vice-versa. A pessoa se lembra também de que todo animal racional é seu parente, e que está de acordo com a natureza humana cuidar de todas as pessoas. O ser humano deve se apegar não à opinião de todos, mas só à daqueles que confessam viver de acordo com a natureza. Mas e se alguém não vive assim? É só lembrarmos de como esse pessoal age em casa e fora dela, e do tipo de gente com quem andam noite e dia, em uma vida impura. Assim, não devemos dar valor aos elogios dessas pessoas, pois elas estão insatisfeitas consigo mesmas.

5. Nunca trabalhe a contragosto, sem atender aos interesses comuns, distraído ou sem a devida consideração; não deixe floreios de linguagem enlevarem seus pensamentos, e não seja uma pessoa prolixa nem ocupada com mil e uma coisas. Deixe a divindade que existe em você se tornar a guardiã de uma criatura corajosa, madura, envolvida em assuntos políticos, patriota e líder, uma pessoa que assume seu cargo, mas que está pronta para ser

remanejada e entregar o posto, sem necessidade de fazer um juramento ou chamar uma testemunha. Também se mantenha contente e não procure ajuda externa nem a tranquilidade que os outros dão. Ou seja, mantenha-se reto sem precisar que o endireitem.

6. Se na vida humana encontrarmos algo melhor do que justiça, verdade, temperança e fortaleza; se encontrarmos algo melhor do que a autossatisfação da própria mente quando nossos atos forem compatíveis com os motivos certos (por exemplo, quando o destino nos reserva algo alheio à nossa escolha); se nos depararmos com algo melhor do que isso, dediquemo-nos a isso com toda a nossa alma e desfrutemos desse bem supremo que encontramos. Mas, se nada parece ser melhor do que a Divindade que reside em nós, que passou a controlar todos os nossos impulsos e examina cuidadosamente todos os nossos pensamentos e, como disse Sócrates, desprendeu-se das persuasões dos sentidos e submeteu-se aos deuses, e cuida das outras pessoas; se não acharmos nada maior e mais valioso do que isso, não demos lugar a mais nada. Se nos desviarmos disso, não poderemos mais dar preferência àquela coisa boa que nos pertence e da qual detemos a posse; pois não é certo que coisas de outra natureza, como elogios públicos, ou poder, ou prazeres sensuais, concorram com o que é bom do ponto de vista racional e político (ou prático). Todas essas coisas, mesmo que pareçam se adaptar (às coisas melhores) em menor grau, acabam se sobrepondo e nos tiram do caminho certo. Por isso, eu digo a você: escolha de modo simples e livre e se aferre à sua escolha. "Mas o que é útil é melhor." Bem, então, se for útil para você como um ser racional, tudo bem; mas, se for útil para você só como animal, abra mão disso e mantenha a decisão original sem vaidade: só tome cuidado para fazer suas pesquisas por um método seguro.

7. Nunca valorize algo, por mais lucrativo que seja para você mesmo, se isso o compele a quebrar uma promessa, a perder seu amor-próprio, a odiar qualquer pessoa, a suspeitar, a amaldiçoar, a agir como hipócrita, a desejar qualquer coisa que precise de paredes e cortinas! Quem prioriza

a inteligência e o *daimon* próprios, e a adoração de sua excelência, não desempenha papel trágico, não reclama, não precisa de solidão nem de muita companhia; e o mais importante de tudo, vive sem perseguir a morte nem fugindo dela. A alma estará encerrada no corpo por um tempo maior ou menor? Essa pessoa não se importa com isso. Mesmo que deva partir de imediato, irá tão prontamente como se fosse fazer qualquer outra coisa a ser feita com decência e ordem. Na vida inteira ela mantém um único cuidado: não desviar seus pensamentos do que não pertence a um animal inteligente, um membro da comunidade civil.

8. Na mente de uma pessoa disciplinada e purificada, você não encontrará matéria corrupta, nem impurezas, nem quaisquer feridas abertas. Nem a vida dela se torna incompleta se o destino a ceifar, como se pode dizer de um ator que deixa o palco antes de terminar e concluir a peça. Além disso, em uma pessoa assim nada é servil, afetado, nem intimamente ligado a algo ou apartado de algo; nada é digno de censura, nada precisa ficar se escondendo.

9. Reverencie as faculdades que lhe permitem julgar e opinar. Quem preserva essas faculdades no intelecto dificilmente terá alguma opinião inconsistente com a natureza e a constituição do animal racional. Essas faculdades nos livram de julgamentos apressados, fortalecem os laços de amizade com as pessoas e a nossa obediência aos deuses.

10. Fique com essas poucas verdades e descarte o restante. Tenha em mente que todo ser humano só vive no tempo presente, um ponto indivisível, e que todo o resto de nossas vidas ou é passado ou é incerto. É breve o tempo que percorremos e pequena a nesga de terra onde vivemos. É breve também até mesmo a maior das famas póstumas, a qual só é continuada por uma sucessão de pobres seres humanos, que morrerão muito em breve, e que não conhecem nem a si mesmos, muito menos essa pessoa que morreu há tempos.

11. Mais um lembrete, além dos já citados: faça a si mesmo uma definição ou descrição da coisa que lhe é apresentada, de modo a distinguir perfeitamente que tipo de coisa ela é em sua substância, em sua nudez, em sua totalidade, e diga a si mesmo seu nome próprio e o nome das coisas que a compõem e nas quais será dissolvida. Pois nada é tão produtivo para elevar a mente quanto ser capaz de examinar, com método e verdade, cada objeto que se apresenta a você na vida. Devemos sempre olhar para as coisas de modo a vislumbrar ao mesmo tempo que tipo de universo é este e que tipo de uso tudo nele tem. Qual o valor de tudo em relação ao todo? Qual o valor em relação ao cidadão da cidade mais honrada, da qual todas as outras cidades são como famílias? Vislumbrar em que consiste cada coisa, de que ela é composta e quanto tempo dura a natureza dessa coisa que agora me impressiona. De qual virtude eu preciso para lidar com ela? Gentileza, bravura, verdade, fidelidade, simplicidade, contentamento? Portanto, em todas as ocasiões uma pessoa deve afirmar: isso vem de Deus; está de acordo com a distribuição e o entretecer dos fios do destino, e coincidências e acasos semelhantes; vem da minha mesma linhagem, alguém de meu parentesco e sociedade, mas que não sabe o que está de acordo com sua natureza. Mas eu sei! Por isso, me comporto com ela de acordo com a lei natural da camaradagem, com benevolência e justiça. E, ao mesmo tempo, busco dar o valor certo a cada coisa.

12. Trabalhe naquilo que está diante de você, siga a razão correta com seriedade, vigor, calma, não permita que nada mais o distraia. Mantenha a pureza de sua parte divina, como se tivesse que devolvê-la imediatamente. Apegue-se a isso sem esperar nada e sem ter medo de nada. Contente-se com sua atividade atual de acordo com a natureza. Assim, na verdade heroica em cada palavra e som que proferir, você viverá feliz. E não há pessoa no mundo capaz de impedir isso.

13. Assim como os médicos têm sempre seus instrumentos e bisturis prontos para casos que de súbito exijam as habilidades deles, você também tem princípios prontos para compreender as coisas divinas e humanas e, em

todos os seus atos, até mesmo o mais ínfimo, lembrar-se do vínculo que une o divino e humano. Para ter sucesso no nível humano, você precisa levar em conta a parte divina, e só terá sucesso na parte divina se levar em conta a parte humana.

14. Não se desvie do rumo! Você nunca há de ler suas memórias e meditações, nem os atos dos antigos romanos e helenos, e os trechos de livros que reservou para sua velhice. Vá direto ao objetivo final à sua frente e salve-se: se tem amor a si mesmo, descarte esperanças vãs enquanto pode.

15. Roubar, semear, comprar, calar, ver o que precisa ser feito... Quanta coisa diferente esses termos denotam? Para captar esses significados precisamos ver não só com os olhos, mas com outro tipo de visão.

16. Corpo, alma, inteligência: ao corpo pertencem as sensações; à alma, os apetites; e, ao intelecto, os princípios. Receber as impressões das formas por meio das aparências pertence inclusive aos animais; ser puxado pelas cordas do desejo pertence tanto às feras quanto a homens que se transformaram em mulheres, e a um Fálaris[16] e a um Nero; e ter a inteligência que guia as coisas que parecem adequadas também pertence aos que não acreditam nos deuses, e aos que traem seu país, e aos que fazem ações impuras entre quatro paredes. Assim, se tudo o mais é compartilhado com o reino animal e o tipo de gente que mencionei, o restante é peculiar às pessoas boas. É abraçar e se contentar com tudo que acontece e com os fios que o destino entretece; é não manchar a divindade que mora em seu peito, nem a perturbar por uma multidão de imagens, mas conservá-la tranquila, seguindo-a obedientemente como um deus, sem dizer nada contrário à verdade, nem fazer nada contrário à justiça. E, se toda a humanidade se recusar a crer que você vive uma vida singela, modesta e contente, não se zangue com ninguém, nem se desvie do caminho que o leva ao fim da vida, ao qual você deve chegar puro, tranquilo, pronto para partir, e sem qualquer compulsão, em perfeita harmonia com a sua sorte.

---

[16] Tirano siciliano que inventou o Touro de Bronze, cruel instrumento de tortura. (N. do T.)

LIVRO IV

1. O intelecto que nos comanda, quando está de acordo com a natureza, responde aos fatos que acontecem se adaptando facilmente às possibilidades que se apresentam. Não exige um material definido, pois se move rumo ao seu propósito, sob certas condições; e tudo que ele encontra transforma em material para si, como o fogo se apodera do que nele cai. Quando o fogo é pequeno, logo se extingue: mas, quando é forte, se apropria da matéria nele empilhada, e a consome, e ergue suas labaredas ardendo com esse mesmo material.

2. Sempre tenha um propósito e paute seus atos de acordo com os princípios perfeitos da arte de viver.

3. As pessoas buscam refúgios para si mesmas – casas no campo, na praia e na montanha; e você também ambiciona muito essas coisas. Mas essa é a marca do tipo de gente mais comum, pois está a nosso alcance buscar refúgio dentro de nós mesmos. O refúgio mais tranquilo e livre de problemas de uma pessoa é sua própria alma, especialmente quando ela tiver dentro de si pensamentos que, ao escrutiná-los, logo a fazem imergir na perfeita tranquilidade. Posso afirmar que a tranquilidade nada mais é do que uma boa organização mental. Assim, constantemente procure esse refúgio e se

renove; cultive princípios concisos e fundamentais para que, ao recorrer a eles, sejam suficientes para purificar plenamente a alma. E quando você retornar estará livre de todo e qualquer descontentamento com as coisas. Afinal, por que motivo está descontente? A maldade humana? Não se esqueça desta conclusão: os animais racionais existem uns para os outros. Tolerar faz parte da justiça, e as pessoas fazem mal involuntariamente. Considere quanta gente, após mútuas inimizades, suspeitas, ódios e lutas, já esticou as canelas, virou cinzas – e se aquiete enfim. Mas talvez você esteja insatisfeito com as coisas que o universo lhe destina. Lembre-se desta alternativa: ou há providência ou átomos (a concorrência fortuita das coisas); e lembre-se dos argumentos que provam: o mundo é uma espécie de comunidade política – e se aquiete enfim). Mas, talvez, as coisas corpóreas ainda se prendam a você. Considere ainda que a mente que se liberta e descobre seu próprio poder não se mistura com espíritos agitados, seja por movimentos suaves, seja por violentos; pense também em tudo o que você ouviu e aquilo com que concordou em questões de prazer e dor – e se aquiete enfim. Mas, talvez, a ânsia pela fama lhe atormente. Analise como tudo é esquecido rapidamente. Encare o caos do tempo infinito em cada lado (do presente), o vazio de aplausos, a mutabilidade e a falta de julgamento dos que fingem louvar, e o espaço estreito em que isso se circunscreve – e se aquiete enfim. Afinal, a Terra inteira é um mero ponto, e sua morada terrestre é um recanto muito pequeno, com tão pouca gente.[17] Qual o tipo de gente que vai elogiar você? Uma coisa então permanece: lembre-se de se refugiar nesse pequeno território seu e, acima de tudo, não se distraia nem se esforce, mas seja livre e veja as coisas como pessoa, como ser humano, como cidadão, como mortal. Entre as coisas à mão, analise duas. Primeiro, as coisas não tocam a alma, pois são externas

[17] Marco Aurélio escreveu quando a população mundial era bem inferior a 500 mil pessoas. (N. do T.)

e ficam imóveis; nossas perturbações só brotam da opinião que mora dentro de nós. Segundo, todas as coisas que você enxerga logo mudam e deixam de existir; não se esqueça, você mesmo já testemunhou muitas mudanças assim. O universo é transformação; a vida é opinião.

4. Se as pessoas compartilham do intelecto, também compartilham dos motivos que nos tornam seres racionais. Sendo assim, compartilhamos também do motivo que nos orienta o que fazer e o que não fazer. Compartilhamos também de uma lei comum. Sendo assim, somos concidadãos; sendo assim, todas as pessoas do mundo são membros da mesma comunidade política. Afinal, de que outra comunidade política compartilhada a espécie humana inteira seria membro? Por acaso não é dessa comunidade política compartilhada que surge também a nossa capacidade de aplicar nosso intelecto, de raciocinar, de criar as leis e obedecê-las? Ou de onde vem essa capacidade? Afinal, já que minha parte terrena é uma porção recebida de um terreno específico, banhado por outro elemento, de uma fonte quente e ígnea peculiar (pois nada vem do nada, e nada também volta à inexistência), assim também nossa parte intelectual brota de alguma fonte.

5. Morrer é como nascer: um mistério da natureza; composição e decomposição dos mesmos elementos; e, ao mesmo tempo, não é motivo de vergonha, pois não ofende [a natureza de] um animal sensato e não ofende o senso de nossa constituição.

6. É natural que essas coisas sejam feitas por essas pessoas; é uma questão de necessidade; não aceitar isso é não aceitar a circulação da seiva. Uma coisa é certa: dentro de pouquíssimo tempo, tanto você quanto elas estarão mortos; e, em breve, até seus nomes serão esquecidos.

7. Você tem uma opinião: "Alguém me magoou". Abra mão da opinião e a queixa se evapora. Você tem uma queixa: "Alguém me magoou". Abra mão da queixa e a mágoa se evapora.

8. O que não torna a pessoa pior do que ela era também não torna a vida dela pior, nem a machuca por fora ou por dentro.

9. A natureza do que é (universalmente) útil nos compele a fazer isso.

10. Tudo o que acontece, acontece com justiça; avalie, observe com atenção e confirme que é assim. Não me refiro apenas à continuidade das coisas, mas ao que é justo. Para fazer algo, é preciso atribuir o seu devido valor. Assim, lembre-se de suas raízes e, tudo o que fizer, faça no intuito de ser uma boa pessoa, em sua concepção do que uma boa pessoa deve ser. Atenha-se a isso em cada um de seus atos.

11. Não dê bola à opinião de quem lhe causou mal, ou à opinião que alguém anseia que você tenha. Analise as coisas como elas são na verdade.

12. Uma pessoa deve sempre ter à mão duas regras: primeiro, faça apenas o que a sensatez do intelecto sugere ao uso humano; segundo, mude de opinião se alguém o corrigir e o convencer a mudá-la. Mas essa mudança de opinião deve resultar de certa persuasão, com base no que é justo ou na vantagem comum, não porque soe agradável ou melhore a reputação.

13. Tens sensatez? "Eu tenho." Por que não faz uso dela então? Pois se isso já basta para cumprir a tarefa, o que mais você quer?

14. Você existe como parcela de um todo. Vai desaparecer naquilo que o produziu; mas antes retornará a seu princípio seminal por transmutação.

15. Muitos grãos de incenso no mesmo altar em chamas: um cai antes, outro depois; mas não faz diferença.

16. Daqui a dez dias você há de parecer um deus a quem hoje você é uma besta e um símio; basta retornar a seus princípios e ao culto da sensatez.

17. Não aja como se fosse viver dez milênios. A morte paira sobre você. Enquanto viver, enquanto estiver a seu alcance, aja com bondade.

18. Quantos problemas evita a pessoa que não busca saber o que o vizinho diz, faz ou pensa, mas só o que ela mesma faz, para ser justa e pura; ou, como diz Agaton,[18] não corra o olhar ao redor e se espelhe na moral depravada dos outros, mas se mantenha no caminho sem se desviar dele.

19. Quem almeja com veemência a fama póstuma não avalia que todos os que vão se lembrar dele também hão de morrer em breve; e depois as pessoas que os sucederem, até que a memória inteira se torne extinta, pois é transmitida entre pessoas que tolamente admiram e perecem. Mas vamos supor que as pessoas que vão recordar sejam mesmo imortais, e que a memória seja imortal. Que diferença fará para você? E não me refiro à diferença para os mortos, mas para os vivos. De que vale um elogio se não tiver utilidade? Agarrar-se ao que outros pensam é rejeitar intempestivamente o dom da natureza...

20. Tudo o que é belo sob algum prisma é belo e suficiente por si só; o louvor não faz parte disso. Nenhuma coisa se torna pior nem melhor por receber elogios. Também afirmo isso sobre as coisas que o povo chama de belas – por exemplo, itens materiais e obras de arte. O que é belo de verdade não precisa de nada; não mais que a lei, não mais que a verdade, não mais que a benevolência e a modéstia. Qual

[18] Agaton ou Agatão (445 a.C – 400 a.C.), poeta e dramaturgo ateniense, autor da peça Anteu. (N. do T.)

dessas coisas se torna bela por ser elogiada, ou é arruinada por uma crítica? A esmeralda fica pior do que era se não for elogiada? E o ouro, o marfim, a cor púrpura, a harpa, a adaga, a flor e o arbusto?

21. Se as almas seguem existindo, como é que o ar as contém desde a eternidade? Mas e a terra não contém os corpos de todos que foram enterrados desde tempos tão remotos? Aqui, a mutação desses corpos permite certa continuidade, seja lá qual for, e essa dissolução dá lugar a novos cadáveres. Assim também as almas, após subsistirem por um tempo no ar, se transmutam e se difundem: adotam uma natureza ígnea ao serem recebidas na inteligência seminal do universo e, assim, abrem espaço para as almas frescas que ali vêm morar. Essa é a resposta que uma pessoa tem a dar sobre a hipótese de as almas continuarem a existir. Contudo não devemos pensar só na quantidade de corpos assim enterrados, mas também na quantidade de bichos diariamente comidos por nós e por outros bichos. Uma parte é consumida e, portanto, de certa forma enterrada nos corpos de quem se alimentou deles! Entretanto, essa terra os recebe por causa das mudanças (desses corpos) em sangue, e as transformações em elementos aéreos ou ígneos. Qual é a verdade desvendada por trás desse tópico? A divisão entre o material e o formal (a causa da forma).

22. Não entre em um turbilhão, mas respeite em cada movimento a justiça, e mantenha em cada impressão a faculdade de entendimento.

23. Tudo que é harmonioso a ti, ó Universo, se harmoniza comigo. Se estiver no tempo certo para ti, nada para mim será muito cedo ou muito tarde. Ó Natureza, que me traz os frutos da estação, todas as coisas vêm de ti, todas as coisas pulsam em ti e todas as coisas voltam a ti. Diz o poeta: "Prezada cidade de Cécrope". Por que não dizemos: "Prezada cidade de Zeus"?[19]

[19] O poeta citado é Aristófanes; a "cidade de Zeus" de M. Aurélio é o universo. (N. do T.)

24. Ocupe-se com poucas coisas, diz o filósofo,[20] se quiser tranquilidade. Mas não seria melhor dizer: faça o que for necessário no âmbito da sensatez do animal naturalmente social. Isso traz não só a tranquilidade que resulta de fazer bem as coisas, mas também a que resulta de fazer poucas coisas. A maior parte do que falamos e fazemos é desnecessária. Por esse motivo, se abrir mão disso, a pessoa terá mais lazer e menos inquietação. Sendo assim, em todas as ocasiões devemos perguntar: Esta é uma dessas coisas desnecessárias? Devemos abrir mão não só de atos desnecessários, mas também de pensamentos desnecessários. Vai evitar atos supérfluos.

25. Experimente viver a vida de uma boa pessoa, a vida da pessoa satisfeita com sua porção no todo, satisfeita com seus próprios atos justos e sua disposição benevolente.

26. Analisou essas coisas? Analise mais: evite incômodos. Adote a simplicidade plena. Uma pessoa fez algum mal? Quem sofre o mal é ela mesma. Algo aconteceu com você? Ora, desde o início tudo o que acontece no universo foi repartido e a você coube a sua parte. Em outras palavras, a sua vida é curta. Aproveite o presente com o auxílio da razão e da justiça. Permaneça sóbrio nas horas descontraídas.

27. Bem-organizado ou caótico, o universo continua universo.[iv] Mas pode alguma ordem subsistir em você e a desordem no Todo? E isso também acontece quando todas as coisas são assim separadas, difusas e solidárias.

28. Um caráter sombrio, um caráter fraco, um caráter teimoso, bestial, infantil, animal, estúpido, falsificado, grosseiro, fraudulento, tirânico.

29. Estranho é quem não sabe o que compõe e afeta o universo. Fugitivo é quem foge do princípio social; cego é quem fecha os olhos ao

---

[20] Demócrito. (N. do T.)

entendimento; pobre é quem precisa de outrem e não obtém de si mesmo todas as coisas úteis à vida. Furúnculo no universo é quem se retira e se separa da razão de nossa natureza comum por se desagradar com as coisas que acontecem. Afinal, a mesma natureza que produz isso também produziu você! Fragmento dilacerado é quem arranca a própria alma da mente dos animais racionais, que é uma só.

30. Eis um filósofo sem túnica, outro sem livro e um terceiro maltrapilho. O seminu diz: "Não tenho pão e sigo a razão". Quanto a mim, não obtenho os meios para viver do meu aprendizado e sigo a minha razão.

31. Ame o ofício que você aprendeu, por mais humilde que ele seja, e contente-se com ele. Viva o resto da vida como quem, com toda a alma, confiou aos deuses tudo o que tem, sem se tornar tirano nem escravo de ninguém.

32. Analise, por exemplo, a época de Vespasiano. Verá tudo isto: gente se casando, criando filhos, adoecendo, morrendo, guerreando, festejando, comercializando, cultivando a terra, bajulando, sendo obstinadamente arrogante, suspeitando, tramando, desejando que alguém morra, reclamando do presente, se apaixonando, acumulando tesouros, desejando cargos influentes e poder real. Bem, eis que a vida dessas pessoas não existe mais. Pule à época de Trajano. De novo, tudo igual. A vida deles acabou também. Da mesma maneira, encare também outras épocas e nações inteiras. Após grandes esforços, veja quantas logo findaram e se dissolveram em seus elementos. Mas, o principal, pense naqueles que você mesmo conheceu, gente que se distraiu ociosamente, fazendo coisas em desacordo com suas próprias naturezas, sem se aferrar ao que é natural e sem se contentar com isso. Tudo a que dedicamos a nossa atenção tem seu próprio valor e proporção. Por isso, não dedique a assuntos desimportantes mais tempo que o necessário.

33. Palavras outrora familiares hoje são arcaísmos: nomes comuns antigamente hoje são antiquados: Camilo, César, Volésio, Leonato, e um tempo depois também Cipião e Catão, depois Augusto, depois também Adriano e Antonino. Pois tudo logo passa e se torna história, enterrada no completo esquecimento. E digo isso de quem brilhou de maneira maravilhosa. Quanto ao resto, assim que expiram, se vão e ninguém mais fala neles. Para encerrar o assunto: O que é mesmo uma lembrança eterna? Nada. A que devemos nos dedicar seriamente? A pensamentos justos, atos sociais, palavras que nunca mentem, uma disposição que aceita de bom grado tudo o que acontece como algo necessário e habitual, que flui de um princípio e de uma fonte semelhantes.

34. De boa vontade, entregue-se a Cloto [uma das tecelãs do destino], permitindo que ela use o tear como quiser.

35. Tudo vai durar só um dia, tanto a pessoa que lembra quanto aquilo que é lembrado.

36. Observe constantemente que todas as coisas acontecem por mudança e se acostume a pensar: o que a natureza universal mais ama é mudar as coisas existentes e delas fazer coisas novas. De certa forma, tudo o que existe hoje é uma semente do que existirá no futuro. Mas não pense só nas sementes lançadas ao solo e ao útero: essa é uma noção vulgar demais.

37. Você há de morrer em breve. Mesmo assim, continua evitando a simplicidade, buscando as tribulações, expondo-se a mágoas de origem externa, tratando pessoas sem gentileza, sabedoria e justiça.

38. Examine os princípios que comandam a humanidade, inclusive as pessoas sábias. Que tipo de coisas elas evitam e que tipo buscam?

39. O que é mau para você não depende do intelecto dos outros; e muito menos de qualquer reviravolta e mutação de sua carcaça corpórea. Depende do que então? Da parcela de você que detém o poder de formar opiniões sobre os males. Se esse poder não formar (essas) opiniões, tudo fica bem. E se o que está mais próximo dele, a pobre carcaça, for retalhada, chamuscada e transformada em detritos e podridão, que se cale a parte que forma opiniões sobre essas coisas; isto é, a que julga que nada de mau ou bom pode acontecer igualmente à pessoa má ou boa. Afinal, se a mesma coisa acontece a alguém cuja vida destoa da natureza e a alguém que vive de acordo com a natureza, então essa coisa nem destoa da natureza nem está de acordo com ela.

40. Analise constantemente que o universo é um ser vivo, com substância e alma; observe como todas as coisas se referem a uma percepção, a percepção desse único ser vivo; e como todas as coisas refletem esse movimento; e como tudo é uma causa que coopera com todas as coisas que existem; observe também o contínuo entretecer e a contextura da rede.

41. Você é uma alma pequenina habitando um cadáver, como dizia Epiteto.

42. Passar por mudanças não é ruim para as coisas, como passar a existir em razão da mudança também não é bom para elas.

43. O tempo é como um rio de eventos que acontecem com feroz correnteza; pois, assim que uma coisa acontece, ela é arrastada, e outra vem em seu lugar, e também será levada.

44. Tudo o que acontece é tão familiar e habitual como o desabrochar da rosa na primavera e o dar frutos no verão; e o mesmo acontece com a doença, a morte, a calúnia e a traição, e tudo o mais que deleita ou aborrece aos tolos.

45. No andar da carruagem, o que vem depois está sempre ajustado ao que veio antes: essa sequência não é mera enumeração de coisas desconexas, com uma série específica, mas sim é uma conexão racional. Tudo que existe está organizado harmoniosamente; assim, as coisas que passam a existir não mostram uma simples sucessão, mas uma inter-relação maravilhosa (VI.38; VII.9; VII.75, nota).

46. Nunca se esqueça do ditado de Heráclito: a morte do solo é se tornar água, e a morte da água é se tornar ar, e a morte do ar é se tornar fogo, e o inverso é verdadeiro. Pense também em quem se esquece de para onde o caminho está levando, quem briga com o que mais comunga, a razão que comanda o universo, e estranha as coisas do dia a dia. Não devemos agir e falar como se estivéssemos dormindo, pois mesmo durante o sono pensamos agir e falar. Nem devemos, como crianças que aprendem com seus pais, só agir e falar como nos ensinaram.

47. Se algum deus lhe disser que você vai morrer amanhã, ou com certeza depois de amanhã, você não se importaria muito se fosse amanhã ou no terceiro dia, a menos que fosse uma pessoa mesquinha em grau máximo. A diferença é tão pequena... Portanto, pense que tanto faz morrer amanhã ou daqui a quantos anos você disser.

48. Pense sempre em quantos médicos hoje estão mortos após tanto franzir a testa examinando os doentes; quantos astrólogos, após prever com grandes pretensões a morte de outros; e quantos filósofos, após intermináveis discursos sobre morte ou imortalidade; quantos heróis, após matar milhares; e quantos tiranos que usaram seu poder sobre as vidas humanas com terrível insolência, como se fossem imortais; e quantas cidades estão inteiramente mortas, por assim dizer, Hélice, Pompeia e Herculano, e outras tantas. Inclua nisso todo mundo que você conhece, um após o outro. Uma pessoa enterra a

outra e cai morta, e outra a enterra; e tudo isso num piscar de olhos. Em suma, observe sempre como as coisas humanas são efêmeras e sem valor, e o que ontem era um pouquinho de muco, amanhã estará mumificado ou terá virado cinzas. Então viva esse breve espaço de tempo agindo em conformidade com a natureza. Termine a jornada contente, como a azeitona que cai ao amadurecer, abençoando a natureza que a produziu, agradecendo à árvore onde cresceu.

49. Seja como o penhasco onde as ondas quebram sem parar, mas continua firme e doma a fúria da água ao seu redor. Algo aconteceu comigo e por isso estou infeliz? Nada disso. Algo me aconteceu, mas apesar disso estou feliz, porque continuo liberto das dores. O presente não me esmaga e o futuro não me insufla medo. Algo assim poderia ter acontecido a qualquer pessoa; mas nem todo mundo continuaria liberto das dores. Por que então isso é uma tristeza em vez de uma alegria? E como pode ser triste se não é um desvio da natureza humana? E como algo pode aparentar ser um desvio da natureza humana se não for contrário à vontade da natureza humana? Bem, você conhece bem a vontade da natureza. Por acaso isso que aconteceu impedirá você de ser justo, magnânimo, moderado, prudente, seguro contra opiniões imprudentes e falsidades? Impedirá você de ter modéstia, liberdade e todas as demais qualidades presentes que consagram a natureza humana? Em todas as ocasiões que lhe causam vexame, aplique este princípio: longe de ser uma tristeza, ser capaz de suportar isso com nobreza é uma alegria.

50. Para desprezar a morte, uma ajuda útil, embora vulgar, é passar em revista as pessoas que se apegaram tenazmente à vida. O que mais elas ganharam comparando a quem morreu cedo? Certo que enfim jazem em seus túmulos por aí: Cadiciano, Fábio, Juliano, Lépido ou outro como eles, que muitos enterraram até chegar a vez deles. Ao todo, o intervalo é exíguo (entre nascimento e morte); e analise com

quanto esforço, na companhia de que tipo de gente e em que corpo frágil esse intervalo é passado laboriosamente. Por isso não considere a vida algo de tanto valor. Olhe para a imensidão do tempo atrás de você e para o tempo diante de você, outro espaço ilimitado. Nesse infinito, que diferença faz viver três dias ou três gerações?

51. Corra sempre pelo atalho; pegar o atalho é o natural. Ou seja, diga e faça tudo de acordo com a mais sólida razão. Pois esse propósito liberta a pessoa de problemas e guerras, de todos os artifícios e ostentações.

LIVRO

V

1. Pela manhã, quando estiver com preguiça de acordar, deixe aflorar um pensamento: vou me levantar para fazer o trabalho de um ser humano. Por que ficar insatisfeito se vou fazer as coisas para as quais existo e para as quais fui trazido ao mundo? Ou fui feito para ficar quentinho no meio das cobertas? "Ah, mas isso é bem mais agradável!" Então é para isso que você existe? Para buscar o prazer? Ou para realizar atos e fazer esforços? Não enxerga a azáfama de plântulas, passarinhos, formigas, aranhas e abelhas trabalhando em conjunto para colocar em ordem suas várias partes do universo? E você aí, indisposto a fazer o trabalho de um ser humano, sem se apressar para fazer o que está de acordo com sua natureza? "Ah, mas ninguém é de ferro. Eu preciso descansar." Claro que precisa. Porém, a Natureza também fixou limites para isso: fixou limites para comer e beber, e ainda assim você ultrapassa esses limites, além do suficiente. Em seu trabalho, contudo, não é assim: você fica aquém do que pode fazer. Ou seja: você não ama a si mesmo, pois, se amasse, amaria a sua própria natureza e a vontade dela. O pessoal que ama seu ofício se dedica com tanto empenho em suas respectivas áreas que se esquece até de tomar banho e de comer. E você? Valoriza menos a sua própria natureza

que o torneiro mecânico valoriza a arte de tornear; a bailarina, a arte de bailar; o investidor, a arte de ganhar dinheiro; e os influenciadores, suas pequenas famas? E essas pessoas, quando cultivam a paixão por alguma coisa, deixam de comer e dormir para aperfeiçoar as coisas de que gostam. Mas as tarefas que dizem respeito à comunidade parecem menos importantes a seus olhos e menos dignas de seus esforços?

2. Como é fácil repelir e apagar todas as impressões que nos parecem incômodas ou inadequadas e, no instante seguinte, estar na mais ampla tranquilidade!

3. Todas as palavras e ações que estiverem de acordo com a natureza, julgue-as adequadas. Receba críticas e acusações de outras pessoas, mas não se deixe desviar por elas e não considere indigno fazer e dizer o que é bom. Essas pessoas têm seus próprios intelectos, seguem seus próprios movimentos. Não se deixe influenciar por elas; vá em frente, siga a sua própria natureza e a natureza universal; o caminho de ambas é um só.

4. Hei de vivenciar as coisas que ocorrem conforme a natureza até cair e descansar, até expirar meu derradeiro fôlego no ar que diariamente inspiro, caindo sobre o mesmo chão onde meu pai colheu a semente; e minha mãe, o sangue; e minha ama, o leite; com os quais durante tantos anos fui suprido de comida e bebida; solo que me suporta quando piso nele, e do qual uso e abuso para tantos propósitos.

5. Você afirma: "Ninguém admira a minha inteligência". Tudo bem, mas há muitas outras coisas para as quais você é talhado por natureza. Mostre as qualidades que estiverem a seu alcance: franqueza, seriedade, afinco, aversão ao prazer, contentamento com sua parcela e com a vida módica, benevolência, sinceridade, desinteresse pelo

supérfluo e leviano, magnanimidade. Não enxerga todas as qualidades que você é capaz de exibir agora, sem a desculpa de incapacidade natural e inaptidão? E mesmo assim permanece voluntariamente abaixo do esperado? Por acaso é a natureza que o compele a ser rabugento, mesquinho e bajulador? É a natureza que o obriga a criticar o seu pobre corpo, a tentar agradar os outros, a ficar ostentando, a ter uma mente tão inquieta? Pelos deuses, não! E há muito tempo você já podia ter se libertado dessas coisas. Mas, se alguém o acusar de ser muito lerdo e burro, é melhor se esforçar também nisso: não negligencie essa crítica nem sinta prazer em ser burro.

6. Uma pessoa, quando presta um serviço a outra, está apta a registrar em sua conta como um favor concedido. Talvez outra pessoa não esteja apta a fazer isso, mas ainda em sua mente pensa que a outra é devedora e sabe o que ela fez. Uma terceira, de certa forma, nem sabe o bem que fez. Age como a videira que produziu uvas e nada mais almeja após produzir uma safra adequada. O cavalo que galopa, o sabujo que rastreia a caça, a abelha que fabrica o mel: assim é o ser humano que faz uma boa ação. Não fica chamando os outros para mostrar o que fez. Em vez disso, realiza novo ato, como a videira que produz uma nova safra de uvas. "A pessoa então deve agir assim, sem observar o que os outros fazem?" Sim. "Mas é necessário observar o que uma pessoa está fazendo. É característico do animal social perceber que está trabalhando de maneira social e desejar que seu parceiro social reconheça isso." É verdade o que você está dizendo, mas não está entendendo direito o ponto. Por isso, vai se tornar uma das pessoas de quem falei primeiro, pois até mesmo elas são enganadas por uma espécie de lógica. Mas, se preferir entender o significado do que está sendo dito, não tenha medo. Esse processo não negligencia qualquer ato útil para a sociedade.

7. Uma prece dos atenienses: "Faça chover, ó bom Zeus, nas lavouras dos atenienses e nas planícies". Na verdade, não devemos fazer oração alguma, a menos que seja uma oração assim, singela e nobre.

8. Quando Esculápio receitou a alguém o andar a cavalo, ou o se banhar em água fria, ou o andar descalço, nós entendemos. Assim, também devemos entender quando se diz que a natureza universal receitou ao ser humano a doença, ou a mutilação, ou a perda, ou qualquer outra coisa parecida. Pois, no primeiro caso, uma receita significa algo adequado à saúde; e, no segundo caso, o que significa? Simples: aquilo que acontece [ou convém] a cada pessoa é prescrito de modo adequado ao destino dela. É justamente isso que queremos dizer quando afirmamos que as coisas nos são adequadas, como dizem os operários que assentam blocos de pedra em muros ou pirâmides: são adequados quando se encaixam uns nos outros em algum tipo de reentrância. No geral existe uma aptidão (ou harmonia). E, como o universo é feito de todos os corpos para ser o corpo que é, assim, de todas as causas existentes, a necessidade (destino) é feita para ser a causa que é. E até mesmo um completo ignorante há de entender o que pretendo dizer e depois responder: "Isso (a necessidade, o destino) trouxe aquilo a tal pessoa". Ou seja, isso foi trazido e receitado a ela. Recebamos então essas coisas, bem como as receitas prescritas por Esculápio. Muitas, naturalmente, mesmo entre as receitas dele, são desagradáveis, mas as aceitamos na esperança de melhorar a saúde. Bem que você podia considerar: "Tão importante quanto melhorar a saúde é aperfeiçoar e realizar as coisas que, segundo a natureza, são boas". E, assim, aceite tudo o que acontece, mesmo se soar desagradável, porque conduz à saúde universal, e à prosperidade, e à felicidade de Zeus (o universo). Pois Zeus não teria trazido a ninguém o que trouxe, se isso não fosse útil para o todo. Tampouco a natureza de qualquer coisa, seja qual for, ocasiona algo inadequado àquilo que está sob a direção dela.

Temos então dois motivos justos para nos contentar com o que acontece conosco: primeiro, porque foi feito para nós e receitado para nós, e de certa forma se conectava a nós desde a origem, desde a causa mais antiga entretecida em nossos destinos. Segundo, porque até mesmo o que vem separadamente para cada pessoa é, para o poder que administra o universo, causa de felicidade e perfeição, inclusive em prol de sua própria continuidade. Afinal, a integridade do todo é mutilada se cortarmos o vínculo e a continuidade das partes ou das causas com o todo. Cortamos os elos da corrente quando estamos insatisfeitos com nossa sina. Está em nosso poder fazer o contrário, mas escolhemos o caminho destrutivo.

9. Não sinta desgosto, nem desânimo, nem insatisfação caso não consiga fazer tudo de acordo com os princípios corretos. Quando cometer um deslize, tente de novo. Se a maior parte do que você fizer mostrar consistência com a natureza humana, contente-se. Ame a nova tentativa. Não procure a filosofia como se ela fosse um mestre, mas como alguém com olho inflamado procura um emplastro. Afinal de contas, a conformidade com a razão não é um fardo, e sim um alívio. E lembre-se: a filosofia só exige as coisas que a sua natureza exige; mas você quer algo em desacordo com a natureza. Alguém há de objetar: "Puxa, o que é mais agradável do que isso (que estou fazendo)?". Mas não é por esse motivo que somos enganados pelo prazer? Pense bem: não será que magnanimidade, liberdade, simplicidade, equanimidade e compaixão são mais agradáveis? O que é mais agradável do que a própria sabedoria? Pense na segurança e no curso feliz de todas as coisas... elas não dependem das faculdades da compreensão e do conhecimento?

10. Tão herméticas andam as coisas que a muitos filósofos – não só àqueles filósofos comuns, mas também aos próprios estoicos – elas parecem difíceis de entender. E toda anuência a nossas percepções

é mutável; afinal de contas, não existe ser humano imune às mudanças. Pense agora nos objetos em si; considere como é breve sua vida útil, como perdem sua utilidade e como caem nas mãos de vagabundos, imprestáveis e ladrões. Agora analise o caráter das pessoas com quem você mora. É difícil suportar até mesmo a mais agradável delas, sem falar do quanto é difícil tolerar a nós mesmos. Em meio a essa escuridão e lama, e nesse fluxo constante de substância e tempo, de movimento e de coisas em movimento, vale a pena dar muito valor a algo? Vale a pena se dedicar seriamente a buscar algo? Não sei como. Ao contrário: é nosso dever se reconfortar e esperar pela dissolução natural, e não se incomodar com a demora, mas se consolar com dois princípios. Primeiro, nada me acontecerá que não seja conforme à natureza universal. Segundo, está em meu poder jamais agir contra meu deus interior, o meu *daimon*, pois ninguém pode me induzir a contrariar a vontade desse meu espírito guardião.

11. À qual tarefa estou dedicando minha própria alma hoje? Em todas as ocasiões, devo fazer a mim mesmo a pergunta: Com que se ocupa agora meu intelecto? Que tipo de alma eu tenho agora? De uma criança? De um jovem? De uma mulher frágil? De um tirano? De um animal domesticado? Ou de um animal selvagem?

12. Analise o que é ser rico à maioria. Se, para você, ser rico significa ter prudência, temperança, justiça e fortaleza, para você, enriquecer é estar em harmonia com o que é bom de verdade. Assim, para você, a expressão "ter coisas em excesso" não faria sentido.[21] Essa frase do dramaturgo só se torna compreensível se levarmos em conta o que a maioria concebe como "enriquecer". Até a maioria vislumbra a diferença entre os dois tipos de riqueza. Não fosse assim, esse

---

[21] Gama Kury afirma ser um fragmento da peça ***Fantasma***, de Menandro, autor da Comédia Nova Ateniense. (N. do T.)

comentário não ofenderia nem seria rejeitado no primeiro caso, enquanto o aceitamos como adequado e espirituoso quando se refere aos bens e aos meios de aumentar o luxo e a fama. Então pergunte: quais coisas devemos valorizar e pensar que são boas? Se o possuidor tiver essas coisas em tal abundância que "não tenha espaço nem para defecar", devemos considerá-las como boas?

13. Minha composição é a forma e a matéria; nenhuma delas há de perecer na inexistência, como nenhuma delas passou a existir da inexistência. Assim, cada partícula minha será reduzida pela mudança em alguma partícula do universo, a qual de novo se transformará em outra partícula do universo, e assim por diante, para sempre. E em razão dessa mudança eu também existo, e quem me gerou existe, e assim por diante, para sempre, em outra direção. Nada nos impede de expressá-lo, mesmo que o universo seja administrado por ciclos definidos (revoluções).

14. O raciocínio e a arte de raciocinar (filosofia) são poderes autossuficientes e criativos. Partem de um pressuposto e percorrem o caminho até deslindar o problema. Por esse motivo, essas ações são chamadas de *catorthoseis*, ou ações corretas, ou seja, que nos fazem percorrer o caminho certo.

15. Nenhuma coisa deve ser chamada de "humana" se não pertencer à humanidade. Ela não é exigida de um ser humano, nem a natureza humana a promete, nem serve de meio para a natureza humana alcançar o seu propósito. Se não for uma coisa boa, o propósito da vida humana não reside nela. Afinal de contas, é na bondade que reside o propósito de nossas vidas. Mas, se uma coisa pertence ao ser humano, não é certo a desprezarmos e nos opormos a ela. Não é digna de louvor a pessoa que revela não a desejar. Contudo a pessoa que consegue se

privar dessas coisas, ou de coisas semelhantes, há de suportar as perdas com mais resiliência e se tornar uma pessoa melhor.

16. Quais são os teus pensamentos habituais? Assim também será o caráter da tua mente; pois a alma é tingida pelos pensamentos. Colore-a então com uma série contínua dos seguintes pensamentos. Onde uma pessoa consegue viver, ela também consegue viver bem. "Mas ela precisa morar em um palácio." Bem, nesse caso deixe-a morar num palácio. E, outra vez, considere o seguinte: seja qual for a finalidade para a qual cada coisa foi constituída, para isso ela foi constituída e para isso é conduzida; e a finalidade dela está nessa direção para onde é conduzida; e a vantagem e o bem de cada coisa estão em cumprir sua finalidade. Ora, o bem é, para o animal sensato, a sociedade; somos feitos para cooperar em sociedade, como foi descrito acima. Já não ficou claro que o inferior existe por conta do superior? Mas os seres vivos são superiores aos inanimados, e, entre os seres vivos, os racionais são superiores.

17. É loucura buscar o impossível, e é impossível que do mal não brote a maldade.

18. A pessoa só sofre aquilo que sua natureza permite suportar. As mesmas coisas acontecem com outra pessoa. E ela nem percebe que aconteceram, mostra tenacidade e firmeza e não se machuca. Mas é uma pena que a ignorância e a presunção sejam mais fortes que a sabedoria.

19. Por si sós, as coisas não tocam a alma, nem de leve; tampouco têm acesso à alma, nem a fazem girar ou se mexer. A alma gira e se mexe sozinha, faz os julgamentos que julga conveniente fazer, levando em conta as coisas que se apresentam a ela.

20. Em certo sentido, o ser humano é a coisa mais próxima de mim, pois devo fazer o bem aos seres humanos e mostrar tolerância com

eles. Mas, quando pessoas se tornam obstáculos a meus atos corretos, elas se tornam para mim não menos indiferentes que o sol, o vento ou as feras. Verdade, elas podem impedir minha ação, mas não o meu ânimo e a minha disposição, os quais têm a força de agir condicionalmente e mudar: pois a mente converte e transforma em auxílio tudo que obstaculiza sua atividade. Assim, um obstáculo se transforma em avanço para uma ação; uma pedra no caminho nos ajuda a superar esse caminho.

21. Reverencie o que há de mais poderoso no universo; é essa força que utiliza e dirige todas as coisas. Da mesma maneira também reverencie o que há de mais poderoso em você mesmo; os dois poderes são da mesma cepa. Em você também é esse poder que faz uso de tudo e dirige a sua vida.

22. Tudo que não prejudica o Estado não prejudica o cidadão. Em caso de dano aparente, aplique esta regra: se o Estado não é prejudicado por isso, eu também não sou. Mas, se o Estado for prejudicado, não fique zangado com a pessoa que causou o mal. Mostre a ela onde foi que ela errou.

23. Cultive o hábito de pensar no quão rápido as coisas passam e desaparecem, tanto o que existe quanto o que foi produzido. O dia a dia é como a corrente de um rio em fluxo contínuo, e as atividades estão em constante mudança, e as causas variam infinitamente; quase nada fica parado – o presente que está pertinho de nós, o abismo sem limites do passado e o futuro em que tudo desaparece. Levando isso em conta, não é uma grande tolice se amofinar com essas coisas? Preocupar-se e sofrer por elas? Como se elas pudessem nos atormentar por muito tempo...

24. Pense na substância universal, da qual você possui uma diminuta porção; e no tempo universal, do qual um átimo de tempo

indivisível lhe foi atribuído; e naquilo que está estabelecido pelo destino, e quão minúscula é a parte de você nisso tudo.

25. Alguém está me tratando mal? Deixe que essa pessoa cuide disso. Ela tem seu próprio ritmo, suas próprias atividades. Hoje eu tenho o que a natureza universal desejar que eu tenha; e hoje eu faço o que minha natureza desejar que eu faça.

26. Que a parte de tua alma que o comanda e governa não se perturbe com os movimentos da carne, seja por luxúria ou agonia; não se deixe dominar ou restringir por essas sensações corporais. Mas, quando essas sensações sobem à mente em virtude do vínculo natural entre ela e o corpo, não se dê ao trabalho de resistir à sensação, pois é natural: mas não deixe o intelecto acrescentar à sensação o rótulo de ser "boa" ou "má".

27. Viva com os deuses. E quem vive com os deuses constantemente lhes mostra que sua própria alma está satisfeita com o que lhe é designado, e que faz tudo conforme os desejos do *daimon*, ou seja, a parte de Zeus conferida a cada ser humano como seu guardião e guia. É isso que nos insufla a razão e o discernimento.

28. Tem raiva de quem exala mau odor das axilas? Tem raiva de quem tem mau hálito? Adianta ter essa raiva? A pessoa tem boca e axilas: é necessário que essas emanações venham desses lugares. "Mas a pessoa sensata faz um esforço e descobre qual é o problema"; boa sorte na descoberta. Você tem razão: com a sua sensatez, desperte a sensatez dela; mostre à pessoa o erro dela, faça uma crítica construtiva. Pois, se ela ouvir, estará curada, sem necessidade de raiva. Sem representar um papel nem se prostituir.

29. Pretende uma vida após a morte... Que tal dedicar suas forças para viver agora? Mas, se não for possível, então fuja da vida sem que

a morte pareça um dano. Se a fumaça toma conta da casa, eu me retiro. Algum problema nisso? Mas se nada me pressiona eu sigo livre. Quem me impede de fazer as minhas escolhas? E a minha escolha é fazer o que está em conformidade com a natureza do animal racional e social.

30. A inteligência do universo é social. De modo coerente, criou as camadas inferiores por causa das superiores, e deixou que as superiores entrassem em harmonia. Não percebe como tudo está subordinado e coordenado? A cada coisa é atribuída sua porção apropriada. As partes melhores devem entrar em concordância umas com as outras.

31. Como você tem se comportado com os deuses? E com seus pais, irmãos, filhos, professores? Com quem lhe cuidou na infância? E com seus amigos, parentes e colaboradores? Avalie se até agora você tem se comportado com todos de maneira tal que o seguinte possa ser dito sobre você: "Nunca prejudicou uma pessoa em atos ou palavras". E lembre-se de quanta coisa você tolerou, por quantos atrapalhos você passou. Agora sua história de vida está completa; seu trabalho, encerrado. Quantas belezas você já viu! Quantos prazeres e dores você desdenhou e quanta coisa considerada "honrosa" desprezou. E quanta gente mal-intencionada você tratou com gentileza.

32. Por que almas inábeis e ignorantes perturbam quem tem habilidades e conhecimentos? E, afinal, que alma tem habilidades e conhecimentos? A que reconhece o começo e o fim, e conhece a razão que permeia a realidade. A que, ao longo dos tempos, administra o universo em ciclos (revoluções) determinados.

33. Logo, logo você será cinzas, ou um esqueleto... Só um nome, ou nem mesmo um nome: além do mais, nome é mero som e eco. E as coisas por demais valorizadas em vida são vazias, podres e

insignificantes: são (como) cachorrinhos mordiscando uns aos outros, criancinhas brigando, rindo e logo depois chorando. "Mas a fidelidade, a modéstia, a justiça e a verdade escapuliram/Da terra espraiada rumo ao Olimpo."[22] O que então ainda detém você aqui, se os objetos dos sentidos são facilmente modificados e nunca ficam parados? Se os órgãos da percepção se embotam e facilmente recebem falsas impressões? Se até a pobre alma é uma exalação de sangue? De que vale ter boa reputação num mundo como este? Então por que você não espera com tranquilidade o seu fim, seja ele extinção ou remoção a outro estado? E, enquanto esse momento não chega, não acha suficiente venerar os deuses e abençoá-los, fazer o bem ao próximo, praticar a tolerância e o autocontrole? Afinal, tudo que está além dos pobres limites da carne e de nossa parcela de espírito não nos pertence e escapa de nosso poder.

34. Passe a vida num fluxo contínuo de felicidade: basta seguir o caminho certo, pensar e agir da maneira certa. Duas coisas são comuns à alma divina, à alma humana e à alma de todo ser racional: não ser restringido pelos outros e se manter firme na disposição para praticar a justiça. Que esse seja o limite de seus desejos.

35. Essa maldade não é minha, nem sequer o efeito de minha maldade. Não houve dano ao bem comum. Se o bem comum não foi afetado, então por que isso me incomoda?

36. Não nos deixemos levar pelas aparências e pelo que as outras pessoas pensam. Em vez disso, ajude-as no limite de nossas capacidades e aptidões. Na percepção delas, sofreram perdas contínuas, mas é um mau hábito imaginar isso sobre tópicos insignificantes. Quando o velho foi embora, requisitou de volta o pião que havia dado de presente ao filho adotivo, lembrando que era um pião.

[22] Hesíodo, Obras etc. V. 197. (N. do T.)

Faça o mesmo nesse caso. Ao subir ao púlpito no fórum romano, diga: "Se esqueceram, meus caros, do que estas coisas são?". "Sim; mas têm grande relevância para eles..." E isso é motivo para você também agir como um tolo? "Já fui sortudo, mas, não sei como, perdi a sorte." Ter sorte é ter uma vida afortunada. E ter uma vida afortunada é viver com boa disposição de espírito, boas emoções e boas ações.

LIVRO VI

1. A substância universal é obediente e complacente; e a razão que a governa não tem causa inerente para fazer o mal, pois ela não tem maldade, nem faz mal a ninguém, e ninguém é prejudicado por ela. Mas tudo é feito e aperfeiçoado conforme essa razão.

2. Contanto que você esteja cumprindo seu dever, não importa se faz frio ou calor; não importa se você não dormiu direito ou se teve uma ótima noite de sono; não importa se vai receber críticas ou elogios; não importa nem se você estiver morrendo. Morrer é um dos atos da vida; também no ato de morrer devemos aproveitar o momento ao máximo (VI.22, 28).

3. Perscrute o âmago. Não deixe escapulir a qualidade peculiar das coisas e o valor delas.

4. Tudo que existe logo vai mudar. Ou se torna vapor, se toda substância for uma só, ou se dispersar.

5. A razão que nos governa conhece sua própria disposição, o que faz e sobre quais materiais atua.

6. A melhor maneira de se vingar é não se tornar igual a nosso malfeitor.

7. Sinta prazer e sossego numa coisa apenas: passar de um ato social a outro ato social, sempre pensando em Deus.

8. O intelecto gira e faz o mundo girar, se transforma no que tenciona ser e molda tudo o que acontece à aparência almejada.

9. Tudo se realiza em conformidade com a natureza universal. Afinal, que outra natureza seria capaz de fazer isso? Não há outra natureza que contenha a nossa ou seja contida por ela, nem existe uma natureza externa e independente da nossa (VI.40; VIII.50).

10. O universo é confusão, mútua involução das coisas e dispersão? Ou é unidade, ordem e providência? Na primeira hipótese, por que eu ia querer me demorar nessa combinação fortuita de coisas e nessa desordem? E por que me importo com outra coisa senão em como enfim virarei pó? E por que algo me perturba se a dispersão de meus elementos de um modo ou outro há de acontecer? Mas, se a segunda hipótese for a verdadeira, eu respondo com veneração; tenho uma base onde me apoiar e deposito minha confiança no poder que governa o universo (IV.27).

11. Quando as circunstâncias compelirem você à perturbação, concentre-se e se recomponha rápido. Não desafine por mais tempo do que durar essa compulsão. Você terá mais domínio sobre a harmonia se recorrer continuamente a ela.

12. Se você tiver madrasta e mãe ao mesmo tempo, obedeça à madrasta, mas nunca deixe de recorrer à sua mãe. Sua rede social é a madrasta; a filosofia é sua mãe. Retorne à filosofia com frequência e nela repouse. Por meio dela, as pessoas de sua rede vão parecer toleráveis, e você vai parecer tolerável na rede.[23]

---

[23] No original de Long, "court", ou seja, a corte, a sociedade. Marco Aurélio aborda as inter-relações humanas na sociedade da época. A nossa tradução como "rede" ou "rede social" tem a

13. Ao ingerirmos proteína animal, vale muito lembrar: estamos diante do cadáver de um peixe, do cadáver de uma ave ou do cadáver de um porco! Este vinho Falerno é mero suco de uva, e este manto púrpura, lã de ovelha tingida com sangue de marisco. Essas impressões alcançam as próprias coisas e nelas penetram. Assim vemos que tipo de coisas elas são. Devemos agir igualmente por toda a vida. Onde houver coisas que aparentam ser mais dignas de nossa aprovação, devemos desnudá-las, revelar sua inutilidade e despojá-las de todas as palavras que as exaltam. A aparência externa é uma maravilhosa perversora da razão. Quando você tem mais certeza de estar se dedicando a coisas meritórias, justamente aí que mais você se engana. Nisso se encaixa a frase que Crates disse a Xenócrates.

14. As multidões costumam admirar itens mais gerais, agrupados por tipo (pedras e madeiras) ou natureza (figueiras, videiras, oliveiras). Gente um pouco mais sensata admira itens agrupados por um princípio vivo, como rebanhos e manadas. Gente ainda mais instruída admira itens agrupados por uma alma racional, talvez não uma alma universal, mas racional, ou seja, alma hábil em alguma arte, alguma especialidade, como a de coordenar uma equipe de colaboradores. Mas, para quem valoriza a alma racional, a prioridade é uma alma universal, apta à vida política. Acima de tudo, ela mantém sua própria alma em conformidade (em termos de condições e atividades) com a razão e a vida social. Para isso, coopera com quem pertence à mesma espécie.

15. Algumas coisas se precipitam para a vida, e outras se precipitam para a morte; e uma parte do que surge já surge extinta. Movimentos e mudanças renovam ininterruptamente o mundo, assim como o curso

---

intenção de provocar uma reflexão e comparar a nossa sociedade de hoje com a de dois milênios atrás. Em outra parte do livro, em que Marco Aurélio fala em "court life", também procuramos refletir essa correlação. (N. do T.)

constante do tempo sempre renova a duração infinita das eras. Nesse fluxo contínuo, onde não há permanência, alguém pagaria um preço alto por algo? Seria como se apaixonar por um pardal em voo, que num piscar de olhos some de vista. A própria vida humana é assim, como a exalação do sangue e a respiração do ar. A cada momento enchemos os pulmões de ar e depois o soltamos. O mesmo acontece com todas as forças respiratórias que você recebeu em seu nascimento, ontem e anteontem: devolvemos ao elemento de onde tiramos.

16. Nem o transpirar das plantas é algo a ser valorizado; nem o respirar dos animais domésticos e feras, nem se impressionar com a aparência das coisas, nem ser manipulados por nossos desejos como se fôssemos marionetes, nem se aglomerar em rebanhos, nem ser nutridos por alimentos; isso equivale a nos separarmos da parte inútil de nossa comida. Mas então a que devemos dar valor? A sermos recebidos com uma salva de palmas? Não. Também não devemos valorizar o aplauso, pois o louvor que vem de muitos é mero estalar de línguas. Suponhamos então que você desistiu dessa coisa inútil chamada "fama". O que nos resta valorizar? Em minha opinião, o seguinte: a arte de nos movermos e nos restringirmos de acordo com nossa própria constituição. É para esse fim que nos levam todas as artes e os ofícios. Afinal, o objetivo de toda arte é criar algo que cumpra a tarefa para a qual foi feita. Todos buscam esse fim, desde o vinicultor até o domador de cavalos, passando pelo adestrador de cães. Com que outro objetivo educamos e ensinamos os jovens? Nesse objetivo reside então o valor da educação e do ensino. E, se isso estiver certo, não procure mais nada. Não vai deixar também de dar valor a muitas outras coisas? Assim você não será nem livre, nem suficiente para sua própria felicidade, nem isento de paixão. Pois nesse caso você há de sentir, necessariamente, inveja, ciúme e desconfiança de quem pode tomar essas coisas de você, ou há de conspirar contra as pessoas que têm o que você valoriza. Afinal, a pessoa que deseja qualquer uma

dessas coisas deve estar em completo turbilhão emocional e com frequência reclamar dos deuses. Em vez disso, por que não reverenciar e honrar nossas próprias mentes? Assim ficamos contentes conosco mesmos, em harmonia com a sociedade, em paz com os deuses, ou seja, louvando tudo o que nos dão e ordenam.

17. Elementos fazem movimentos cíclicos acima, abaixo e ao redor. Mas a virtude não se move: é mais divina. Envereda-se por um caminho pouco trilhado e nele avança alegremente.

18. Como é estranho o comportamento do ser humano! Não elogia os contemporâneos, mas sonha com elogios da posteridade, a quem nunca viu nem verá. E dá muito valor a isso. Mas isso é o mesmo que se entristecer ao perceber que quem viveu antes de nós não nos elogiou.

19. Tem dificuldade de realizar algo por suas próprias forças? Não pense que é impossível. Tudo que está em conformidade com a natureza humana é possível de ser realizado por nós.

20. Na educação física, alguém arranhou você com as unhas. Ou bateu na sua testa e causou um ferimento. Não mostre irritação, nem tome como ofensa, nem ache que a pessoa é traiçoeira. Em vez disso, adote uma postura de cautela, não de inimizade, nem de suspeita, mas em silêncio evite novo confronto. Adote esse comportamento em todas as outras partes da vida; deixemos de lado muitas coisas que são como adversários no ginásio. Como falei, sair do caminho só depende de nós, sem suspeita nem ódio.

21. Convença-me de que não estou pensando ou agindo corretamente. De bom grado eu mudarei, pois procuro a verdade, e a verdade nunca feriu pessoa alguma. Ferido está quem permanece em seu erro e ignorância.

22. Faço o meu dever: outras coisas não me incomodam: são coisas sem vida ou sem razão, coisas que perambulam sem saber o caminho.

23. E os animais irracionais? E todas as coisas e objetos em geral? Você tem a faculdade da razão; eles, não. Então faça uso deles com espírito liberal e generoso. Mas com os seres humanos, também racionais, comporte-se com espírito social. Sempre invoque os deuses e não se preocupe com o tempo que investe nisso; três horas já são suficientes.

24. Alexandre, o macedônio, e seu cavalariço foram trazidos à igual condição pela morte. Foram recebidos entre os mesmos princípios seminais do universo ou foram igualmente dispersos entre os átomos.

25. No mesmo tempo indivisível, quantas coisas acontecem em cada um de nós! Coisas que dizem respeito ao corpo, coisas que dizem respeito à alma: assim, não se admire. Muitas outras coisas, ou melhor, tudo que surge no Cosmos, aquilo que é um e todos, nele existe ao mesmo tempo.

26. Se alguém lhe perguntasse: "Como se escreve Marco Aurélio?", soletraria com tensão na voz? E se ele ficasse com raiva, você também ficaria? Não manteria a compostura ao pronunciar, letra por letra? Nessa vida, igualmente, lembre-se: todo dever é composto por partes. Cumpra seu dever imperturbavelmente, sem mostrar raiva contra quem está zangado com você. Siga seu caminho e termine a tarefa que está diante de você.

27. Nada mais cruel que não permitir às pessoas se dedicarem ao que consideram proveitoso e adequado à natureza delas! Que direito tem a pessoa de não permitir e achar que a outra está cometendo um erro? Com certeza elas buscam o que consideram proveitoso e adequado à natureza delas. "Mas estão erradas." Nesse caso, ensine-as e mostre a elas, sem se zangar.

28. A morte é o cessar das impressões por meio dos sentidos, das cordas que manipulam os apetites, dos movimentos discursivos dos pensamentos e dos serviços da carne (II.12).

29. Para a alma é uma vergonha ser a primeira a se entregar nessa vida, quando o seu corpo não se entrega.

30. Atenção para não se tornar um César e não ser tingido com esse corante; isso acontece. Assim, mantenha-se simples, bom, puro, sério, livre de afetações, amigo da justiça, adorador dos deuses, bondoso, afetuoso, esforçado em todas as ações nobres. Com esforço, continue agindo como a filosofia quis que você agisse. Reverencie os deuses e ajude as pessoas. Breve é a vida. Colhemos apenas um fruto dessa vida terrena: fazer atos sociais com disposição piedosa. Aja sempre como discípulo de Antonino. Lembre-se da constância dele em cada ato de acordo com a razão, da estabilidade em todas as coisas, da piedade, da serenidade no semblante, da doçura, do desprezo pela fama vazia, dos esforços para entender as coisas. De como ele nunca deixaria passar nada sem primeiro tê-lo examinado com cuidado e o compreendido com clareza; de como tolerou aqueles que o culparam injustamente sem os culpar em troca; de como não fazia nada com pressa; de como ele não dava ouvidos a calúnias, de como era meticuloso ao estudar maneiras e ações; de como evitava reprovar as pessoas, de como não era tímido, nem desconfiado, nem sofista; de como se contentava com as coisas simples: alojamento, cama, roupas, comida, colaboradores; do quanto era trabalhador e paciente; de como ele era capaz, devido à dieta frugal, de aguentar até a noite; da sua firmeza e uniformidade nas amizades; de como aceitava a liberdade de expressão de quem tinha opinião diferente da dele; e do prazer que sentia quando qualquer pessoa lhe mostrava algo melhor; e do quanto era religioso sem ser supersticioso. Imite

tudo isso e terá a consciência limpa quando a sua última hora chegar, como ele teve.

31. Volte à sobriedade e se recomponha; desperte e perceba que meros sonhos o perturbam. Depois, nas horas de vigília, experimente olhar as coisas a seu redor como se elas fossem sonhos.

32. Eu consisto num corpúsculo e numa alma. Nesse corpo irrelevante, todas as coisas são inócuas, pois ele é incapaz de perceber diferenças. Para a mente, apenas é indiferente o que não é obra de sua própria atividade. Mas tudo o que é obra de sua própria atividade, tudo isso está ao alcance dela. A atividade mental que importa é a que se refere ao presente; as atividades futuras e passadas são inócuas no presente.

33. Nem o trabalho da mão nem o do pé são contrários à natureza, contanto que o pé faça o trabalho do pé, e a mão, o da mão. Portanto, o trabalho de um ser humano não é contrário à natureza, desde que faça coisas humanas. E, se o trabalho não for contrário à natureza dele, também não é um mal para ele.

34. Quantos prazeres foram desfrutados por ladrões, parricidas e tiranos!

35. Não percebe como os artesãos ajustam em certa medida o próprio trabalho para agradar a quem não entende, mas procuram se apegar aos princípios racionais de sua arte e não toleram se afastar deles? Não é estranho que o construtor e o médico respeitem mais os princípios racionais de seus ofícios do que uma pessoa respeita o seu próprio princípio racional, comum a ela e aos deuses?

36. Ásia e Europa são recantos do universo; todo o oceano, uma gota no universo; o monte Athos, um cisco no universo: todo o tempo presente, um ponto na eternidade. Todas as coisas são pequenas, mutáveis e perecíveis. Todas as coisas vêm daí, dessa força de comando universal, seja logo antes ou logo depois. Portanto, as mandíbulas

escancaradas do leão, o que é venenoso, todas as coisas nocivas, como o espinho, o barro, são subprodutos do grandioso e do belo. Não imagine que são diferentes daquilo que você venera; em vez disso, forme uma opinião justa sobre a fonte de tudo (VII.75).

37. Quem viu as coisas presentes viu tudo: o que aconteceu desde a eternidade e o que eternamente acontecerá. Todas as coisas são aparentadas e uniformes.

38. Habitualmente analise a conexão de todas as coisas no universo e sua inter-relação. De certa forma, todas as coisas estão entrelaçadas umas com as outras. Todas são amigas umas das outras. Uma coisa puxa a outra, em virtude do movimento ativo, da conspiração mútua e da unidade da substância (IX.1).

39. Adaptemo-nos à nossa sorte como ela foi lançada: ame as pessoas que couberam fazer parte de nossas vidas, mas ame-as com sinceridade e verdade.

40. Todo e qualquer instrumento, ferramenta, vasilhame, se fizerem aquilo para o qual foram feitos, hão de funcionar, mesmo se a pessoa que fabricou não estiver ali. Mas as coisas unidas pela natureza trazem dentro delas o poder que as fez; portanto, convém reverenciar esse poder e também pensar que, se você viver e agir de acordo com a vontade dele, tudo em você estará em conformidade com essa força inteligente. E assim também as coisas que pertencem ao universo estão em conformidade com essa inteligência.

41. Dentre as coisas fora de sua alçada, o que acontece se você as classifica como boas ou más? Acontece inevitavelmente que, ao se deparar com uma dessas coisas "más" ou perder uma das coisas "boas", você vai culpar os deuses e também odiar as pessoas que causaram o infortúnio ou a perda, ou que são suspeitas de os terem causado. O

fato é que a maior parte das injustiças que cometemos decorre de diferenciarmos e atribuirmos valor a essas coisas. Mas, se julgarmos como boas ou más apenas as coisas que estiverem em nossa alçada, não haverá motivo para criticar os deuses ou manter uma atitude hostil com as pessoas.

42. Todos estamos trabalhando em conjunto para um propósito, alguns de modo planejado e com conhecimentos, outros sem saber direito o que fazem. Assim é a humanidade quando dorme, a respeito de quem Heráclito, se não me engano, afirma que trabalha e coopera nas coisas que acontecem no universo. Mas a humanidade coopera de diferentes maneiras, e coopera bastante até mesmo quem critica o que acontece, se opõe e tenta impedir: o universo também precisa de gente que faz o contraponto. Resta-nos entender em qual tipo de operário nos enquadramos; quem governa todas as coisas certamente fará bom uso de nós e terá um lugar para nós na equipe de cooperadores cujos trabalhos conduzem a um propósito. Como alerta Crisipo: não faça um papel mesquinho e ridículo como o da peça.

43. Por acaso, o sol se propõe a fazer o trabalho da chuva? E Esculápio, a fazer o trabalho de Deméter, a deusa do solo que gera frutos? Assim funciona a inter-relação de cada estrela: mesmo diferentes, trabalham juntas para um mesmo propósito!

44. Se os deuses resolveram sobre mim e sobre as coisas que devem acontecer comigo, eles resolveram bem. Afinal, não é fácil imaginar uma divindade incapaz de resolver. E, quanto a me fazer mal, por que os deuses decidiriam algo parecido? De que modo isso seria vantajoso para eles ou para o todo, que é o alvo especial de sua providência? Mas, se não resolveram sobre mim individualmente, certamente resolveram sobre o todo, e as coisas que acontecem encadeadas nesse arranjo geral eu devo aceitar com prazer e me contentar com elas. Mas, se nada resolveram, é perverso supor, pois, se acreditássemos

nisso, deveríamos cessar sacrifícios, orações e juramentos, bem como tudo que fazemos na suposição de que os deuses estão presentes e vivem conosco. Mesmo se os deuses nada resolvessem sobre as coisas que nos dizem respeito, eu posso resolver sobre mim mesmo e indagar sobre o que é útil. E uma coisa é útil a todos nós: viver conforme a nossa própria constituição e natureza. E eis que a minha natureza é racional e social; eu, Marco Aurélio, tenho Roma como minha comunidade e minha nação; mas eu, ser humano, tenho o universo. Só vem a ser útil para mim o que for útil para essas comunidades.

45. Seja lá o que acontece com cada pessoa, acontece a bem do universo e há de ser o bastante. Além disso, porém, observamos esta verdade geral: tudo o que é proveitoso para um é proveitoso também para outro. Mas que a palavra "proveitoso" seja tomada aqui no senso comum, de coisas neutras (nem boas, nem más).

46. No anfiteatro e em locais semelhantes, algo análogo acontece a você: a repetição e a mesmice tornam o espetáculo cansativo. Assim é em toda a vida: todas as coisas, acima e abaixo, são iguais e as mesmas. Por quanto tempo então?

47. Não se esqueça: pessoas de todos os tipos estão mortas, gente de todos os tipos de interesses, de todas as nações. Os seus pensamentos percorrem os vales de Filistião, Febo e Origanião. Agora volte seus pensamentos para os outros tipos de gente. A esse lugar, então, devemos nos deslocar. Onde há tantos grandes oradores, tantos nobres filósofos, Heráclito, Pitágoras, Sócrates; tantos heróis do passado, tantos generais e tiranos; onde há Eudoxo, Hiparco, Arquimedes e outros homens de aguçados talentos naturais, mentes grandiosas, amantes do trabalho, versáteis, confiantes, sarcásticos sobre a vida humana, perecível e efêmera, como Menipo e outros como ele. Todo esse pessoal há muito tempo virou pó. O que eles têm a recear com isso? E o que têm a recear as pessoas de cujos nomes ninguém mais

lembra? A única coisa que importa é tratar o próximo com verdade, justiça e benevolência, até mesmo patifes e mentirosos.

48. Quando você quiser se deleitar, pense nas virtudes das pessoas com quem você convive; por exemplo, a diligência de um, a modéstia de outro, a liberalidade de um terceiro e outra qualidade elogiável de um quarto. Nada causa tanto deleite quanto exemplos de virtudes, quando elas se manifestam na moral das pessoas que convivem conosco e são abundantes, na medida do possível. Um bom exemplo deve ser lembrado.

49. Você não fica descontente, suponho, porque ganhou ou perdeu peso. Não fique descontente, então, porque só tem mais alguns anos de vida. Assim como nos contentamos com a quantidade de substância que nos foi designada, contentemo-nos com o tempo.

50. Deseja persuadir as pessoas? Faça isso, mesmo contra a vontade delas, se os princípios da justiça assim exigirem. Se no entanto alguma pessoa, usando a força, se interpor em seu caminho, prefira o contentamento e a tranquilidade. Aproveite esse obstáculo para exercitar uma virtude. Lembre-se de que você fez sua tentativa com a condição de não fazer impossibilidades. Então qual seu intento? "Seguir meu impulso, mas com essa condição." Está alcançando seu objetivo.

51. Aquele que ama o sucesso depende dos outros para se sentir bem; aquele que ama o prazer depende de estímulos externos para provocar suas próprias sensações. O bem da pessoa perspicaz, no entanto, só depende de seus próprios atos.

52. Depende somente de nós evitar formar uma opinião sobre um assunto e evitar que a nossa alma se perturbe. As coisas em si não têm o poder natural para formar nossas opiniões.

53. Preste atenção no que os outros dizem. Dentro do possível coloque--se no lugar de quem fala.

54. O que não serve ao enxame também não serve à abelha.

55. E se os marujos machucassem o timoneiro? Se os doentes não dessem ouvidos ao médico? Como o timoneiro ia garantir a segurança dos que estão a bordo? E o médico a saúde de quem atende?

56. Quanta gente que me acompanhou na jornada da vida já se foi...

57. O mel é amargo para quem tem icterícia. A água é temida por quem foi mordido pelo cão raivoso. A bola é uma coisa boa para crianças pequenas. De onde vem minha raiva então? A seu ver, uma opinião falsa tem menos poder do que a bile no ictérico ou a mordida de um cachorro louco?

58. Se você viver de acordo com os princípios racionais de sua própria natureza, ninguém vai impedi-lo. E, se algo for contrário aos princípios racionais da natureza universal, esse algo não acontecerá.

59. Olhe o tipo de gente que o povo tenta agradar! Olhe o modo como fazem e o que fazem! Logo o tempo cobrirá tudo isso como outrora já cobriu!

LIVRO VII

1. A maldade em que consiste? Em nada que você já não tenha visto antes. Na realidade, isso vale para tudo na vida: nada acontece que você já não tenha visto antes. Em todos os lugares você encontra as mesmas coisas, que enchem os livros de História Antiga e recente e o período no entremeio. As mesmíssimas coisas atribulam as cidades e casas de hoje. Não há nada de novo: tudo é familiar e efêmero.

2. Como embotar nossos princípios sem extinguir as impressões (pensamentos) que correspondem a eles? Mas está a nosso alcance atiçar esses pensamentos e transformá-los em chamas. Sou capaz de formar uma opinião adequada sobre qualquer coisa quando minha opinião for necessária. Sendo assim, por que me amofinar? Coisas externas à minha mente não dizem respeito a ela. Internalizar essa lição é dar o passo certo. Só depende de nós resgatar as nossas vidas. Voltemos a olhar as coisas novamente como costumávamos olhar para elas; esse é o caminho para resgatar nossas vidas.

3. O ócio de espetáculos, peças teatrais, rebanhos de ovelhas e bois, exercícios com lanças, arremesso de osso aos cachorrinhos, miolo de pão em aquários de peixes, vaivém das formigas transportando cargas, corridas de ratinhos assustados, marionetes

manipuladas por cordas (tudo igual). No meio disso tudo, é nosso dever agir com bom humor e sem postura arrogante. Mas compreenda: você vale o quanto valem as coisas com as quais se ocupa.

4. Se alguém estiver falando ou discursando, preste atenção. Cada palavra dita, cada gesto altera o andamento da conversa. Tente vislumbrar logo o significado das palavras e o objetivo dos movimentos.

5. Tenho capacidade mental para lidar com isso ou não tenho? Se a resposta for "sim", aplique-a como instrumento recebido pela natureza universal. Mas, se a resposta for "não", das duas, uma: ou eu me afasto do trabalho e abro espaço a quem é capaz de fazê-lo melhor (a menos que exista um motivo para eu não fazer isso) ou faço o melhor que posso, com ajuda de meu intelecto e de uma pessoa apta. Seja como for, o importante é fazer coisas adequadas e úteis para o bem geral. Afinal, tudo o que eu fizer sozinho ou em equipe deve ter um só objetivo: o que é útil e adequado à sociedade.

6. Quanta gente depois de ser celebrada pela fama caiu no esquecimento... quanta gente que celebrou a fama dos outros também já morreu há tempos...

7. Não tenha vergonha de pedir ajuda; o importante é cumprir o nosso dever, como um soldado para ultrapassar a muralha que protege a cidade. Se você tivesse um problema na perna, como ia galgar sozinho as ameias? Com a ajuda de alguém, isso seria possível.

8. Não se deixe amofinar com as coisas futuras, elas vão chegar um dia. E você as enfrentará com a mesma capacidade de raciocínio que aplica às coisas presentes.

9. Todas as coisas estão entrelaçadas umas com as outras, e esse vínculo é sagrado; quase tudo está interconectado. As coisas se coordenam e se combinam para formar o mesmo e organizado universo. Todas as

coisas compõem um só universo. Todas as coisas são permeadas por um só deus. Assim, existe uma só realidade virtual, uma só lei, uma só razão comum a todos os animais inteligentes, uma só verdade. Isso, se levarmos em conta que todos os seres aparentados e com o mesmo princípio racional se realizam de uma só, e perfeita, maneira.

10. Tudo o que é material logo desaparece na substância integral; e tudo o que é formal (causal) logo é reconduzido à razão universal; com o tempo, a memória integral fica sobrecarregada.

11. Para o animal racional, o mesmo ato está de acordo com a natureza e de acordo com a razão.

12. Mantenha a postura e a corrija se necessário (III.5).

13. Seres racionais que vivem em comunidade são como pernas e braços de um corpo. Foram constituídos para cooperar entre si. E isso vai ficar mais claro se você repetir a si mesmo: "Pertenço a um sistema de seres racionais". Mas só dizer que pertence não é suficiente. É preciso amar as pessoas do fundo do coração. É preciso regozijar-se. É preciso fazer o bem pelo prazer de fazer o bem. Se você fizer o bem como quem faz uma obrigação, ainda não aprendeu o quanto fazer o bem faz bem a você.

14. Algo externo só causa impacto às partes suscetíveis de sentir esse impacto. As partes impactadas que reclamem, se quiserem. Mas, se eu não pensar que algo de mal aconteceu, eu não me abalo. Só depende de minha maneira de pensar.

15. "Seja lá o que alguém fizer ou disser, vou agir com bondade." É como se o amarelo-ouro, o verde-esmeralda e a púrpura ficassem repetindo: "Seja lá o que alguém fizer ou disser, vou manter a cor".

16. O intelecto não se perturba; ou seja, não se assusta nem causa dor a si mesmo. Se alguém mais é capaz de assustá-lo ou perturbá-lo, é outro

problema. Por si só, a faculdade racional não causa esses problemas por vontade própria. Cabe ao corpo evitar o sofrimento, se puder. Mas a alma, que está sujeita ao medo e à preocupação, que detém o poder de formar opinião sobre essas coisas, nada sofre, nunca se embrenha nesse tipo de julgamento. O intelecto intrinsecamente nada quer, a menos que crie uma necessidade para si mesmo. E assim permanece livre de perturbações e obstáculos, a não ser os que ele próprio cria.

17. A felicidade (eudemonia) é um bom *daimon*, uma coisa boa. Mas então o que você está fazendo aqui, ó imaginação? Pelos deuses, eu lhe peço: assim como você veio, vá embora, pois eu não lhe quero. Mas você veio porque é seu costume. Não estou zangado com você: apenas vá embora.[24]

18. A mudança é algo a ser temido? Mas, afinal, algo acontece sem a mudança? Por acaso existe algo mais agradável ou mais adequado à natureza universal? A água de seu banho é aquecida sem que a madeira sofra mudanças? Você se nutre sem que o alimento sofra mudanças? Alguma coisa de útil pode ser realizada sem mudança? Não percebe então que a mudança em você também é boa e igualmente necessária à natureza universal?

19. Através da substância universal e através de um furioso turbilhão, todos os corpos são transportados, unidos por natureza e cooperando com o todo, como as partes de nosso corpo entre si. Quantos Crisipos, quantos Sócrates, quantos Epitetos o tempo já engoliu! Cultive esse pensamento em referência a todas as pessoas e coisas (V.23; VI.15).

[24] Em sua tradução publicada em 2021, sobre esse trecho Robin Waterfield afirma, de modo sugestivo: "Como acontece volta e meia, podemos meramente deduzir a que Marco Aurélio está se referindo". Essa é a tônica de **Meditações**, e talvez um dos motivos para seu sucesso editorial ao longo dos tempos. A linguagem vaga do original deixa o leitor moderno livre para interpretar o texto. (N. do T.)

20. Só uma coisa me incomoda: a possibilidade de fazer algo contrário à minha composição humana, ou de um modo contrário a ela, ou num momento contrário a ela.

21. Em breve você terá se esquecido de tudo; em breve todos terão se esquecido de você.

22. É humano, demasiado humano, amar até mesmo quem comete erros. Como explicar isso? Diante do erro, percebemos o parentesco, pois as pessoas erram por ignorância e sem intenção. Percebemos que em breve todos estaremos mortos. Acima de tudo, quem cometeu o erro não nos prejudicou, pois o nosso intelecto não se tornou pior do que era.

23. A natureza universal molda, a partir da substância universal, um cavalo, como se fosse cera, e, após fragmentá-lo, utiliza esse material para fazer uma árvore, depois um ser humano, depois outra coisa; e cada uma dessas coisas subsiste por um tempo brevíssimo. Mas não há tribulações para quebrar um casco, assim como não há nenhuma em construí-lo (VIII.50).

24. Fazer cara feia é totalmente antinatural; quando alguém a assume,[v] toda beleza se extingue de modo tão completo, que não pode ser novamente abrilhantada. Com base nisso, tente concluir que ficar de cara feia é contrário à razão. Pois, se até mesmo a percepção de fazer o mal desaparece, que motivo há para viver mais?

25. A natureza que comanda o todo logo há de mudar todas as coisas que você enxerga, e da substância delas fará outras coisas, e dessa substância ainda outras coisas, para que o mundo seja sempre novo (XII.23).

26. Quando uma pessoa nos faz algum mal, primeiro analise a opinião dela sobre fazer bem ou fazer mal. Pois, ao constatarmos isso, teremos pena dela, e não ficaremos surpresos nem com raiva. Das duas, uma:

ou você pensa igual a ela ou noutra coisa do mesmo tipo. Nesse caso é mister perdoá-la. Mas, se você vai além desse conceito de coisas boas ou más, a tendência é de aceitar melhor quem incorre em erros.

27. Pense menos no que você não tem ou deixou de ter: pense mais nas coisas que escolheu melhor. Agora reflita com que avidez elas teriam sido buscadas se você não as tivesse. Ao mesmo tempo, porém, tome cuidado para não se acostumar (de tão satisfeito que está com elas) a supervalorizá-las, de modo a se incomodar caso não as tivesse.

28. Refugie-se em si mesmo. O intelecto que nos comanda tem esta natureza: contenta-se consigo mesmo ao fazer o que é justo e garantir a tranquilidade.

29. Deixe de lado a imaginação. Pare de ser um fantoche. Limite-se ao presente. Entenda bem o que acontece a você ou a outro. Analise e classifique cada objeto em causal (formal) e material. Pense em sua última hora. Que o mal feito por alguém fique onde o mal foi feito (VIII.29).

30. Direcione sua atenção para o que está sendo dito. Que o seu entendimento penetre nas coisas que estão sendo feitas e nas coisas que as fazem (VII.4).

31. Deixe-se adornar com a simplicidade e a modéstia, e seja indiferente às coisas que oscilam entre a virtude e o vício. A humanidade, ame-a. Deus, siga-o. Diz o poeta[25] que as normas tudo comandam... A nós, basta lembrar que as normas tudo comandam.

32. Sobre a morte: se for dispersão, é resolução em átomos; se for aniquilação, é extinção ou mudança.

33. Sobre a dor: arrebata-nos a dor aguda, mas a crônica é tolerável; e a mente guarda sua própria tranquilidade ao se recolher em si mesma,

25 Demócrito. (N. do T.)

e o intelecto não se torna pior. Mas as partes atingidas pela dor, deixe que deem sua opinião se puderem.

34. Sobre a fama: olhe para as mentes [das pessoas que buscam fama], observe o que elas são, e o tipo de coisas que evitam, e o tipo de coisas que buscam. E analise que, como as dunas de areia se sobrepõem para esconder a duna anterior, na vida os eventos anteriores logo são cobertos pelos que vêm depois.

35. Platão nos questiona: é possível uma pessoa com a mente elevada e visão atemporal e universal considerar a vida humana algo grandioso? E Platão responde: é impossível. Para essa pessoa, a morte certamente não é um mal.

36. De Antístenes: "Um rei faz o bem e em troca é injuriado".

37. Que vergonha! Com sua mente, você comanda e recompõe o seu semblante. Mas você é incapaz de comandar e recompor a própria mente.

38. Não faz sentido se irritar com as coisas! Elas não têm a capacidade de se importar.

39. Alegria tanto aos deuses imortais quanto a nós.

40. Colha a vida como quem colhe espigas de trigo maduras. Uma pessoa nasce; outra morre.

41. Se os deuses não se importam comigo e com meus filhos, algum motivo há para isso.[26]

42. A bondade e a justiça estão a meu lado.[27]

---

26 Citação que se repete no Livro XI. (N. do T.)

27 Conforme Gama Kury, o Livro VII traz várias citações de Eurípides: 38, 40, 41, 42, 50 e 51. (N. do T.)

43. Evite emoções violentas. Evite fazer coro com o lamento dos outros.

44. De Platão: "Minha resposta seria: 'Está enganado, meu caro, se pensa que devemos calcular o risco de vida ou morte. Em tudo que fazemos, só importa uma coisa: calcular se é justo ou injusto, se é obra de uma pessoa boa ou má'".

45. "Povo de Atenas, eis a verdade: seja qual for a posição que a pessoa conquistou, pensando ser o melhor lugar para ela, ou se foi escalada nessa posição pelo chefe, na minha opinião cabe a ela ficar e enfrentar todos os perigos e até a morte, evitando assim a vileza de abandonar o posto."[28]

46. Reflita, bom amigo: O que é nobre e bom não é algo diferente de preservar a vida? Quiçá a marca do verdadeiro homem é não ser apegado à vida, é não se preocupar com o tempo que lhe resta viver! Confiemos esses assuntos a Deus e creiamos no que dizem as damas: ninguém escapa de seu destino. A pergunta que nos cabe fazer, então, é: Como podemos viver melhor o tempo que nos resta viver?

47. Corra o olhar pelas estrelas no céu. Imagine estar lá, com elas. Analise sempre como os elementos se transformam em outros. Esses pensamentos purgam e purificam as imundícies da vida terrena.

48. Eis um belo ditado de Platão: "Quem discursa sobre as pessoas deve olhar também para as coisas terrenas como se as descortinasse de um ponto de vista mais alto; deve lançar esse olhar panorâmico a assembleias, exércitos, lavouras, casamentos, tratados, nascimentos, mortes, burburinhos no tribunal, locais desertos, nações bárbaras, banquetes, lamentos, mercados, a mescla de tudo isso e a combinação ordenada das antíteses".

49. Analise o passado e as grandes mudanças de supremacia política; assim pode prever também o que vai acontecer no futuro. Certamente as coisas

[28] Citação de ***Apologia de Sócrates***, de Platão.

terão a mesma forma. É impossível que se desviem da ordem das coisas atuais. Em suma: contemplar a vida humana por quarenta anos é o mesmo que a contemplar por dez mil anos. O que mais você terá a enxergar?

50. "O que cresce da terra volta à terra/Mas o que emerge da semente celestial/ Volta aos reinos celestiais." Em outras palavras: dissolução da involução mútua dos átomos ou dispersão semelhante dos elementos não sencientes?

51. "Entre comes e bebes/ E encantos mágicos/ Tentam desviar o curso do canal e fugir da morte." "Os céus sopraram a brisa/ A nós mortais cabe suportá-la e trabalhar sem reclamar."

52. Melhor lutador, porém menos sociável e modesto, menos disciplinado para enfrentar os problemas e menos benevolente com as falhas do próximo.

53. Onde qualquer obra se conclui conforme a razão compartilhada por deuses e humanos, nada temos a temer; quando somos capazes de obter proveito por meio das atividades bem-sucedidas que procedem de acordo com nossa composição, nenhum dano deve ser suspeitado.

54. Em todos os lugares, em todos os momentos, só depende de você aquiescer com sua condição atual, comportar-se de modo justo com as pessoas ao seu redor, exercer sua perícia nas coisas que está pensando agora, para que nada perturbe seus pensamentos sem antes ser bem examinado.

55. Não olhe ao redor para descobrir os princípios que comandam as outras pessoas, mas olhe diretamente para onde a natureza lhe conduz: tanto a natureza universal (coisas que acontecem a você) quanto a sua própria natureza (atos que lhe cabem fazer). Todo ser deve fazer o que estiver de acordo com sua composição. Todas as outras criaturas foram criadas para servir os seres racionais. Seres racionais são feitos para cooperar entre si. É o princípio universal. Assim, o primeiro e

primordial princípio na constituição humana é o social. E o segundo é não ceder às persuasões corporais, pois é função peculiar do movimento racional e inteligente circunscrever-se e nunca ser dominado pelo movimento dos sentidos ou dos apetites, pois ambos são animais; mas o movimento da inteligência assume o controle e não se permite ser dominado pelos outros. E com razão, pois, por natureza, é formado para usar todos eles. A terceira coisa na constituição racional é se libertar e não se deixar enganar por velhacarias. Deixe que o intelecto controle isso e siga em frente para obter o que lhe pertence.

56. Pense que você está morto. O seu ciclo vital se completaria agora. Mas você acaba de ganhar permissão de viver o tempo que lhe resta, desde que o faça de acordo com a natureza.

57. Só ame o que acontece a você e é entretecido pelo tear do seu destino. Existe algo mais adequado?

58. Em tudo o que acontece em sua vida, visualize quem enfrentou as mesmas coisas, e se aborreceu, e encarou os problemas como coisas estranhas e os criticou: Onde esse pessoal está agora? Em lugar algum. Por que então você escolhe agir igual? Por que não deixa essas atribulações estranhas à natureza para quem as causa e sofre suas consequências? Concentre-se em usar da maneira correta as coisas que acontecem com você! Só assim fará bom uso de suas experiências e elas se tornarão a matéria-prima para se aprimorar. Cuide de si mesmo e decida ser uma boa pessoa em cada ato que fizer. E mantenha em mente que seus atos são importantes, mas o contexto desses atos é indiferente.

59. Perscrute o seu âmago. De lá brota a fonte do bem, e, se você escavar, ela sempre vai borbulhar.

60. Se for compacto, o corpo não mostra imperfeições em movimentos ou atitudes. A mente projeta no rosto a expressão de inteligência e

decoro, e a mesma coisa é projetada no corpo inteiro. Mas tudo isso deve ser observado sem afetação.

61. A arte de viver se parece menos com dançar do que com lutar. Como um lutador, devemos estar prontos e firmes para receber ataques súbitos e inesperados.

62. Constantemente observe quem são as pessoas cuja aprovação você deseja ter e quais princípios as comandam. Assim, conhecendo de onde vêm as opiniões e os apetites dessas pessoas, você não as culpará ao cometerem equívocos involuntários, e não mais precisará da aprovação delas.

63. Todas as almas, diz o filósofo, ficam involuntariamente privadas da verdade. Por conseguinte, elas se privam de justiça, temperança, benevolência e virtudes do tipo. É essencial sempre ter isso em mente. Assim você será mais gentil com todos.

64. Sempre que se deparar com a dor, lembre-se: a dor não é algo vergonhoso, nem deteriora nosso intelecto. A dor não afeta a parte racional nem a parte social de nosso intelecto. Na maioria das dores, lembre-se da útil frase de Epicuro: "A dor não é intolerável nem eterna". Tenha em mente que a dor tem limites e cuide para não a exagerar por conta da imaginação. Além disso, não se esqueça: muita coisa é tão desagradável quanto a dor. Por exemplo, a sonolência, o calor e a falta de apetite. Se algo assim estiver deixando você descontente, repita a si mesmo que não vai ceder à dor.

65. Cuidado! Não tenha para com as pessoas intratáveis os mesmos sentimentos que elas têm em relação às pessoas sociáveis.

66. Como é que vamos saber se Telauges não tinha um caráter melhor que o de Sócrates? Não é suficiente que Sócrates tenha tido uma morte mais nobre, e combatido os sofistas com mais perspicácia,

e suportado a noite gélida com mais resistência? Não basta ele ter nobremente se recusado a ir prender Leão de Salamina? Ou sabermos que ele andava emproado pelas ruas (há controvérsias)? Em vez disso, devemos perguntar: Que tipo de alma tinha Sócrates? Contentava-se em ser justo para com os homens e piedoso para com os deuses? Não se aborrecia com a vilania e a ignorância humanas? Não recebia as coisas que o universo destinava a ele como se fosse um estranho e intolerável fardo? Não permitia seu intelecto se deixar levar pelos miseráveis impulsos da carne?

67. A natureza não misturou o intelecto com a constituição corporal. Prova disso é que você tem a permissão de ser autônomo e controlar tudo o que lhe diz respeito. Por exemplo, uma pessoa pode agir divinamente e não ser reconhecida por isso. Nunca se esqueça! E outra coisa: para viver uma vida feliz, muito pouco é necessário. Desistiu de ir bem nos estudos dialéticos e dos fenômenos naturais? Certo, mas não desista de ser livre e modesto, social e obediente a Deus.

68. Só depende de você viver na maior tranquilidade mental, livre de todas as compulsões. Que o mundo inteiro clame contra você o quanto ele quiser. Que as feras despedacem os membros desta massa que cresceu ao seu redor. Nada impede a mente, em meio a tudo isso, de se manter tranquila, de avaliar corretamente todas as coisas que nos cercam e de usar prontamente os objetos disponíveis. A avaliação disse à coisa avaliada: "Apesar da opinião dos outros, a sua substância verdadeira é esta". E o uso disse ao objeto à mão: "Você é exatamente o que eu estava procurando! O que está disponível agora é sempre algo virtuoso racional e socialmente, pronto para ser utilizado com destreza humana ou divina". Afinal, em tudo o que acontece há uma relação com Deus ou com a humanidade. Não existe novidade difícil de lidar, tudo é familiar e apto a ser aplicado.

69. A perfeição do caráter moral consiste em: viver cada dia como se fosse o último, não se arrebatar com empolgações violentas, não se deixar dominar pelo torpor e nem se fazer de hipócrita.

70. Os deuses imortais não se aborrecem por tolerarem, dia após dia, as pessoas como elas são, muitas delas más. Não só toleram como cuidam delas de várias formas. Mas você, destinado a acabar tão cedo, anda cansado de suportar o mal, mesmo sendo uma dessas pessoas?

71. Ridículo não tentar o possível: fugir da nossa própria maldade. Não menos ridículo é tentar o impossível: fugir da maldade alheia.

72. Tudo o que a faculdade racional e sociopolítica considera sem inteligência e sem aplicação social, racionalmente considera inferior a si.

73. Quando você faz uma boa ação que beneficia outra pessoa, por que ainda procura um terceiro retorno além desses dois? Só os tolos fazem uma boa ação querendo em troca uma reputação ou uma vantagem.

74. Nenhuma pessoa se cansa de receber o que é útil. O que é útil? Agir de acordo com a natureza. Não se canse também de ser útil aos outros.

75. A natureza integral se mexeu para criar o universo. Mas agora tudo o que acontece vem por consequência ou continuidade. Não há um princípio racional que direciona os impulsos da força que comanda o universo, nem mesmo para as coisas mais importantes. Se você se lembrar disso, ficará mais tranquilo na maioria das circunstâncias (VI.44; IX.28).

LIVRO VIII

1. A seguinte reflexão afasta a sua tendência de buscar fama vazia: você já perdeu a oportunidade de ter vivido a vida toda, ou ao menos após a juventude, como filósofo. É óbvio para muitos, não só para você mesmo, que você se distanciou da filosofia. Então você perdeu o prumo, e já não é mais fácil obter a reputação de filósofo; o seu plano de vida também se opõe a isso. Se avaliamos a situação corretamente, descarte o pensamento: "Como eu aparento ser (para os outros)?". Contente-se em viver o resto de sua vida da maneira que sua natureza desejar. Observe então o que sua natureza quer, e não deixe mais nada distrair você. Em suas muitas andanças, não encontrou a felicidade em parte alguma: nem nos silogismos, nem na riqueza, nem na reputação, nem no prazer, nem em lugar algum. Onde estará ela então? A felicidade reside em fazer o que a natureza humana exige. Então como fazer isso? Cultivando princípios para orientar seus afetos e seus atos. Princípios? Quais princípios? Os que dizem respeito ao bem e ao mal: a convicção de que só as coisas boas nos tornam mais justos, moderados, corajosos e livres. E as coisas ruins só nos tornam o oposto do que foi mencionado.

2. Por ocasião de cada ato, pergunte a si mesmo: Qual a relação disso comigo? Vou me arrepender disso? Mais um tempinho,

estou morto, e tudo se foi. Por que buscar algo mais, se agora eu faço o trabalho de um ser vivo inteligente, de um ser social, de alguém que obedece às mesmas leis de Deus?

3. Quem são Alexandre, Caio e Pompeu? Compare-os com Diógenes, Heráclito e Sócrates, filósofos familiarizados com as coisas, suas causas (formas) e sua matéria; os intelectos destes últimos tinham autonomia (conforme os interesses deles). Mas quanto aos primeiros? Generais com tanta coisa para cuidar e escravos de tantas coisas!

4. Eles vão agir da mesma forma, mesmo que você exploda de raiva. Pense nisso.

5. A essência está em se manter imperturbável! Porque tudo está de acordo com a natureza universal. Em pouco tempo você estará disperso no além, como Adriano e Augusto. A essência está em manter o foco! Concentre o olhar firmemente em seus afazeres, olhe para eles. Lembre-se sempre de que o nosso dever é sermos bons e que a natureza humana tem suas exigências. Sem perder o foco, sem hipocrisia, cumpramos a tarefa com justiça, ânimo e modéstia.

6. Eis a tarefa da natureza universal: mudar de posição as coisas, modificá-las, tirá-las daqui e levá-las para lá. A mudança faz parte de todas as coisas; por isso, não devemos recear as novidades. Tudo nos é familiar, e os destinos alocados às coisas são iguais.

7. Enquanto segue seu caminho, toda natureza é autossuficiente. A natureza racional segue seu caminho quando em seus pensamentos discorda de tudo que é falso ou duvidoso. Quando dirige seus movimentos apenas a atos sociais, quando limita seus desejos e aversões às coisas que dependem dela, quando está contente com tudo que a natureza comum lhe atribui. Cada natureza particular faz parte dessa natureza comum, como a natureza foliar faz parte da natureza vegetal.

A diferença é que na planta a natureza foliar faz parte de uma natureza sem intelecto e sem raciocínio, uma natureza que corre o risco de ser bloqueada. A natureza humana, porém, faz parte de uma natureza que não corre o risco de ser bloqueada; inteligente, justa, distribui tudo em partes iguais, em conformidade com o valor, o tempo, o conteúdo, as causas (formas), as atividades e as circunstâncias. Escrutine e compare, mas não espere descobrir que todo item isolado é igual em todos os aspectos com os outros. Escrutine e compare, sim, para descobrir que a soma geral alocada a uma coisa é equivalente à soma alocada à outra.

8. Pode faltar tempo (ou capacidade) para ler. Mas não há de faltar tempo (ou capacidade) para controlar a arrogância, ser superior ao prazer e à dor, ser superior ao amor à fama. E que haja tempo também para não nos irritarmos com gente estúpida e ingrata e, em vez disso, até mesmo as tratarmos bem.

9. Que nunca, jamais, alguém escute sua voz nas redes sociais reclamando da vida em sociedade (V.16).

10. Você deixou de aproveitar algo útil. Arrependa-se e se autocensure. Afinal, gente boa e perfeita deve buscar o que é útil. Mas gente boa e perfeita nunca se arrepende por não ter aproveitado algo prazeroso. Disso se conclui: o prazer não é bom nem útil.

11. Essa coisa inerente à sua própria constituição, em que ela consiste? De que substância é feita? Qual sua natureza causal (ou formal)? Qual sua função no mundo? Há quanto tempo ela existe?

12. Quando acordar do sono com relutância, lembre-se de que realizar atos sociais úteis está de acordo com sua composição e de acordo com a natureza humana. Dormir é algo comum também aos animais irracionais. Tudo o que combina com a natureza de cada indivíduo se

torna uma parte peculiar dele, uma coisa para ele não apenas natural, mas também inspiradora (V.1).

13. Constantemente e, se for possível, sempre que uma impressão chegar em sua alma, aplique a ela os princípios da física, da ética e da dialética.

14. Ao conhecer alguém, na mesma hora se pergunte: "Quais as opiniões dessa pessoa sobre o que é certo ou errado? O que ela pensa sobre prazer e dor, e as causas do prazer e da dor? Sobre fama e ignomínia? Morte e vida?". Se pensar assim e assado, não vou me surpreender em nada se ela agir assim e assado, e que esse comportamento é inevitável.

15. A figueira deu figos, não é surpreendente? Não sente vergonha de achar isso uma surpresa? Envergonhe-se também por se surpreender com o fato de que o mundo produtivo gerou seus produtos. E que sinta vergonha o médico que se surpreender com a febre e o timoneiro, com o vento desfavorável.

16. Não se esqueça: mudar sua opinião e dar ouvidos a quem alertou sobre o seu erro é tão libertador e consistente com a liberdade quanto a possibilidade de persistir no erro. A decisão é sua. A atividade é exercida de acordo com seus próprios movimentos e julgamentos. Sem dúvida, de acordo com seu próprio discernimento também.

17. Se algo só depende de você, por que fazer? Mas, se depender de outrem, de quem é a culpa: dos átomos (o acaso) ou dos deuses? Tolice culpar uns ou outros. Não culpe ninguém. Se puder, corrija a causa; mas, se não puder, conserte a coisa em si; mas, se nem isso puder fazer, adianta detectar lapsos? Nada deve ser feito sem um propósito.

18. Se algo perece, não sai do universo. Nele permanece, e muda, se dissolve em suas partes próprias; são elementos do universo e de você mesmo. E também mudam sem reclamar.

19. Tudo que existe, existe para um fim, como o cavalo e a videira. Por que se espanta? Até mesmo o sol há de dizer: "Existo para um propósito", e o restante dos deuses dirá o mesmo. Com que propósito, então, você existe? Para desfrutar do prazer? Pense bem se o bom senso permite isso.

20. Na natureza, cada coisa tem um começo, uma trajetória e um fim. A bola é jogada para cima. Na parábola e na queda, existe algo de bom ou ruim? A bolha se forma e depois estoura. O que há de bom ou ruim nisso? O mesmo vale para o lampião.

21. Vire (o corpo) ao avesso e enxergue em que ele consiste; e em que se torna na velhice e na doença. Quem elogia ou é elogiado, quem recorda ou é recordado: todos têm vida curta. Até mesmo num pequeno recanto nem todos concordam. Seja como for, a Terra é um mero ponto.

22. Cuide do assunto em tela, seja opinião, ato ou palavra. Se está angustiado, merece estar, pois prefere ser bom amanhã do que ser bom hoje.

23. Estou fazendo algo? Só se for algo em prol da humanidade. Comigo acontece algo? Aceito e atribuo aos deuses, à fonte de todas as coisas, de onde vem tudo o que acontece.

24. Encare tudo e cada parte da vida como encara a hora do banho: oleosidade, suor, sujeira, água imunda, tudo que causa repugnância.

25. Lucila viu a morte de Verus e mais tarde também morreu. Secunda viu a morte de Máximo e mais tarde também morreu. Epitincano viu a morte de Diótimo e mais tarde também morreu. Antonino viu a morte de Faustina e mais tarde também morreu. Assim acontece com tudo. Céler viu a morte de Adriano e mais tarde também morreu. E aquele pessoal esperto, os videntes inflados de orgulho, onde está? Gente como Carax, Demétrio, o platônico, e Eudemo? Todos efêmeros e mortos há muito tempo. Alguns, de fato, logo foram esquecidos.

Outros se tornaram heróis das fábulas para então sumir até mesmo das fábulas. Lembre-se disso, então: esse pequeno composto (você mesmo!) vai ser dissolvido. Seu pobre espírito vai ser extinto ou remanejado e transferido.

26. Uma pessoa é feliz quando realiza obras inerentes ao ser humano. É inerente ao ser humano cooperar com outros seres humanos, ignorar os impulsos dos sentidos e não julgar só pelas aparências. É inerente ao ser humano escrutinar a natureza universal e tudo que a envolve.

27. Entre você e as coisas há uma tríade de relações: uma com o corpo que o involucra; a segunda com a causa divina, fonte de tudo que experimentamos; e a terceira com as pessoas com quem convivemos na jornada.

28. Se a dor prejudica o corpo, o corpo reclama. Mas e se a dor prejudica a alma? Depende só d'alma manter sua própria serenidade e tranquilidade e não pensar que a dor é prejudicial. Afinal, todos os julgamentos, desejos, aversões e impulsos vêm de dentro, isentos do mal externo.

29. Apague sua imaginação e repita: "Depende de mim evitar que maldade, desejo e atribulação penetrem em minha alma". O segredo é olhar para todas as coisas, ver qual é a sua natureza e usá-las conforme seu valor. Não vamos nos esquecer desse poder que a natureza nos deu.

30. Se for discursar no Senado ou falar com qualquer pessoa, faça-o com decoro e sem qualquer afetação. Fale com clareza.

31. Toda a rede social de Augusto – esposa, filha, descendentes, ancestrais, irmã, Agripa, parentes, amigos íntimos, conhecidos, Areio, Mecenas, médicos e sacerdotes sacrificadores – está morta. E o que dizer sobre outras sociedades? Quando a morte atinge não só indivíduos, mas famílias inteiras? Isso aconteceu em Pompeia. Pense no epitáfio em alguns túmulos: "Último da linhagem". Lembre-se dos esforços dos

antecessores dessas pessoas para deixar um sucessor, mas não tem escapatória: alguém há de ser o último. De novo, pense na morte de uma linhagem inteira.

32. Cabe a você organizar bem sua vida em cada ato isolado; se, na medida do possível, cada ato isolado cumprir seu dever, alegre-se. Ninguém pode impedir que um de seus atos cumpra o seu dever. "Mas e se um obstáculo externo bloquear o caminho?" Nada vai impedir você de agir com justiça, critério e consideração. "Mas talvez eu fique de mãos atadas." Nesse caso, aceite o obstáculo e contente-se em direcionar seus esforços ao que estiver a seu alcance. Outra oportunidade de ação logo surge diante de você no lugar da que foi bloqueada. Tudo isso ajuda a construir a organização vital de que estamos falando.

33. Aceite (riqueza ou prosperidade) sem arrogância; e fique pronto para abrir mão delas.

34. Uma pessoa insatisfeita com a vida, que se afasta dos outros e comete atos antissociais é como o corpo decapitado, o pé amputado e a mão decepada. Vamos supor que você tenha se separado da sociedade ou da unidade natural. Segundo a natureza, você fazia parte dela e agora se desmembrou. A boa notícia: só depende de você se reconectar novamente. Deuses não permitem que uma parte atorada e cindida seja unida novamente. Mas considere como foram bondosos com homens e mulheres ao colocarem no poder deles não se separar do universal; mas, quando se separam, permite que voltem e se reconectem para retomar seu lugar como parte do todo.

35. A natureza universal dá a todo ser racional esse e todos os outros poderes. A natureza universal converte e fixa em seu lugar predestinado tudo o que obstrui o caminho e se opõe, fazendo dessas coisas uma parte de si mesma. Da mesma forma, o animal racional faz de cada obstáculo seu próprio material e o aplica para os fins que conceber.

36. Não se deixe perturbar com pensamentos sobre a sua vida como um todo. Não permita que seus pensamentos abracem, de uma vez só, todos os múltiplos problemas possíveis de acontecer. Em vez disso, mantenha o foco na tarefa atual e sempre pergunte a si mesmo: "Há algo nisso de excruciante e intolerável?". Seria vergonhoso confessar que há. Além do mais, lembre-se: o futuro e o passado não nos afetam, só o presente. Circunscreva sua atenção ao presente, e repreenda sua mente se ela for incapaz de suportar algo tão simples.

37. Panteia e Pérgamo estão sentados agora ao lado do túmulo de Verus? Cábrias e Diótimo estão sentados ao lado do túmulo de Adriano? Visão patética! Se estivessem sentados lá, os mortos teriam consciência disso? E, se os mortos tivessem consciência disso, algo assim os deixaria satisfeitos? E, se estivessem satisfeitos, isso os tornaria imortais? Não estava na ordem do destino que essas pessoas envelheceriam e depois morreriam? Se os pranteadores morrerem, o que é que os mortos vão fazer?

38. Tudo não passa de um pestilento saco de sangue. Aguce a visão, olhe e julgue com sabedoria, diz o filósofo.

39. Na composição do animal racional não vejo virtude contrária à justiça; mas vejo uma virtude contrária ao gosto pelo prazer: a temperança.

40. Crê que algo lhe causa dor? Livre-se dessa crença e estará em local seguro e livre do sofrimento. "Quem é que vai se livrar?" A razão. "Mas não sou a razão." Tudo bem. A própria razão não sofre por conta própria. Mas, se outra parte de você sofrer, que tenha opinião própria (VII.16).

41. O que estorva as percepções sensoriais é um estorvo à natureza animal. O que estorva os impulsos (desejos) também é um estorvo à natureza animal. Certas coisas igualmente estorvam e prejudicam a constituição das plantas. Portanto, o que estorva a inteligência prejudica a natureza inteligente. Aplique tudo isso em sua vida. Está sob efeito

de dores físicas ou prazeres sensuais? Deixe os seus sentidos tratarem disso. Surgiram obstáculos em seus esforços rumo ao objetivo? Se esses esforços eram de fato incondicionais e absolutos, na condição de animal racional, com certeza esse obstáculo é um mal a você. Contudo, considerando o curso (normal) das coisas, você não foi ferido, nem mesmo atrapalhado. Afinal, não há estorvo para as coisas próprias ao entendimento – ferro e fogo, tirania e abuso, nada consegue atingi-las. A esfera continua sendo esfera (XI.12).

42. Se eu nunca intencionalmente causei dor a outra pessoa, por que infligir dor a mim? Nada é mais inadequado.

43. Com o que você se fascina? Cada um se fascina com algo diferente. A mim me fascina manter o intelecto sadio, não me afastar das pessoas nem das coisas que acontecem a elas. A mim me fascina olhar tudo com bons olhos e utilizar tudo conforme seu valor.

44. Preocupe-se com o tempo presente. Quem busca fama póstuma não leva em conta que as pessoas do futuro serão exatamente como aquelas que hoje elas não suportam. E tanto essas quanto aquelas são mortais. E o que lhe importa se as pessoas do futuro emitirem este ou aquele som, ou tiverem esta ou aquela opinião sobre você?

45. Se quiser, me pegue e me jogue onde bem entender. Seja onde for, a minha parte divina vai permanecer tranquila. Desde que possa sentir e agir de acordo com sua própria constituição, ela vai estar contente. Essa troca de lugar é motivo o bastante para minha alma ficar triste e pior do que estava? Para ela ficar deprimida, inflada, encolhida, assustada? Aliás, existe algum motivo suficiente para isso?

46. Tudo que acontece ao boi é um acidente da natureza bovina. Tudo que acontece à videira é um acidente da natureza vitícola. Tudo que acontece à pedra é um acidente da natureza lítica. E tudo que acontece

ao ser humano é um acidente da natureza humana. Se tudo que acontece é normal e natural, de que vale reclamar? Na natureza nada existe que não consigamos suportar.

47. Digamos que algo externo está sendo uma fonte de sofrimento para você. Na verdade, o que está causando a perturbação não é essa coisa, mas o seu próprio julgamento sobre ela. E só depende de você extinguir esse julgamento agora. Mas, se algo em seu próprio ânimo é a fonte do sofrimento, por que não corrige a sua opinião? Digamos que a aflição decorra de não conseguir fazer algo em particular que lhe parece certo. Se for assim, não é melhor agir do que reclamar? "Mas no caminho existe um obstáculo insuperável." Nesse caso, não se aflija, pois isso escapa da sua alçada, não depende de você. "Mas a vida não vale a pena ser vivida se eu não conseguir fazer isso." Com alegria então abandone o barco da vida, exatamente como quem morre em plena atividade e enfrentando os obstáculos.

48. Lembre-se de que o intelecto é invencível. Quando sereno, está satisfeito consigo, não faz nada que não queira fazer, mesmo que resista por mera obstinação. Como será quando forma um juízo sobre algo de modo racional e deliberado? A mente livre de paixões é uma cidadela! Não há lugar mais seguro para uma pessoa se refugiar. Nela o futuro é inexpugnável. Quem não reconhece isso é um boçal, e quem reconhece, mas não escapa para esse refúgio, é um infeliz.

49. Não leve em conta nada além do que relatam as primeiras aparências. Digamos que chegou a seus ouvidos que uma pessoa anda falando mal de você. Isso é o que foi relatado. Mas o fato de você ter se magoado não foi relatado. Meu filho está doente. Isso está diante de meus olhos. Que ele corre perigo, não está. Por isso, sempre se circunscreva às primeiras aparências. Não acrescente nada interno, e assim nada vai acontecer a você. Ou melhor: se for para acrescentar algo interno, faça-o como uma pessoa que entende tudo o que acontece no mundo.

50. O pepino está amargo? Descarte. Há um arbusto espinhoso na beira da estrada? Afaste-se dele. É o suficiente. Não fique se perguntando: "Por que algo assim existe no mundo?". Se fizer isso, será ridicularizado por quem está familiarizado com a natureza. O mesmo aconteceria se você entrasse na oficina de um carpinteiro ou de um sapateiro e reclamasse da serragem e das aparas no chão. Eles têm locais para descartar a serragem e as aparas, mas a natureza universal não tem esse espaço. Essa artesã tem algo maravilhoso em sua arte: embora tenha limites circunscritos, tudo nela que estiver decaindo, e envelhecendo, e sendo inútil, ela as reabsorve e as transforma e, de novo, faz outras coisas a partir dessas mesmas coisas, de modo a não precisar de substâncias externas nem de um lugar para descartar os resíduos. Ou seja: ela se contenta com seu espaço, sua matéria e sua arte próprios.

51. Nas ações do dia a dia, evite a preguiça. Nas conversas do dia a dia, evite a falta de método. Nos pensamentos do dia a dia, evite divagações. No dia a dia da alma, evite conflito interior e efusão exterior. No dia a dia da vida, evite a ocupação excessiva a ponto de não ter lazer. Vamos supor que as pessoas matem você, cortem você em pedacinhos e amaldiçoem você. Essas coisas têm o poder de impedir que sua mente permaneça pura, sábia, sóbria, justa? Se uma pessoa à beira de uma fonte límpida e pura amaldiçoá-la, a fonte cessará de fornecer água potável? E, se essa pessoa lançar argila ou sujeira na fonte, o fluxo rapidamente as dispersará e as lavará, e de jeito nenhum a água será poluída. Qual o segredo para que você tenha uma fonte perpétua (e não um mero poço)? Dia a dia, abrace a liberdade com contentamento, simplicidade e modéstia.

52. Para saber onde estamos, precisamos responder à pergunta: "O que é o mundo?". Para que propósito existe o mundo? A pessoa que não sabe responder a essa pergunta não sabe quem ela é, nem o que é o mundo. A pessoa incapaz de responder a essas coisas é incapaz de dizer

para qual propósito ela existe. O que pensar então de quem (evita ou) busca o louvor e o aplauso de pessoas que não sabe onde estão e nem sabe quem são?

53. Quer receber elogio de uma pessoa que se amaldiçoa três vezes por hora? Quer agradar uma pessoa que nem agrada a si? Alguém que se arrepende de quase tudo o que faz consegue agradar a si mesmo?

54. A sua respiração age em harmonia com o ar que o rodeia? Ótimo, mas sua inteligência também deve estar em harmonia com a inteligência que abrange todas as coisas. A força inteligente está difusa em todas as partes e permeia todas as coisas, não menos que o ar que nos rodeia. Atrair essa força é tão fácil quanto respirar.

55. Em geral, a perversidade não causa danos ao universo; e uma perversidade específica não prejudica a vítima, só quem a comete. E quem a comete tem o poder de se libertar dela, basta escolher.

56. Para o meu livre-arbítrio, é tão indiferente o livre-arbítrio do meu vizinho quanto seu pobre espírito e carne. Embora tenhamos sido feitos especialmente para o bem comum, o intelecto de cada um de nós tem sua esfera de atuação. Caso contrário, a perversidade de meu vizinho seria perversa para mim – mas não é intenção divina que outros possam causar a minha infelicidade.

57. O Sol parece estar se derramando. E seus raios se difundem em todas as direções, mas não se efundem. Difundir é se estender: por esse ponto de vista, seus raios são chamados de "extensões" porque se estendem. Mas em que consiste um raio? Se olharmos para a luz solar que perpassa uma frestinha na sala escura, ela se estende em linha reta. Quando encontra um corpo sólido no caminho, meio que se divide e intercepta o ar além, mas ali a luz permanece fixa, não desliza nem cai. Assim funciona a efusão e a difusão do entendimento. O entendimento não

deve ser uma efusão, mas uma extensão, e não deve colidir com violência ou ímpeto contra os obstáculos no caminho nem cair. Em vez disso, deve ser firme e iluminar o objeto que o recebe. Um corpo vai se privar da iluminação se não admitir que ela existe.

58. A pessoa que tem medo da morte, das duas, uma: ou tem medo de perder as sensações ou de experimentar sensações diferentes. Se você não tiver sensação, também não sentirá dor. Se adquirir outro tipo de sensação, tornar-se-á um ser vivo diferente e não deixará de viver.

59. As pessoas existem para o bem umas das outras. Então ensine-as ou tenha paciência com elas.

60. A mente e a flecha desferida têm movimentos similares. A mente que investiga e exerce cautela move-se direto à frente e rumo ao alvo.

61. Entre no intelecto de cada pessoa e deixe que elas entrem no seu.

LIVRO IX

1. Agir de modo injusto é agir de modo profano. Já que a natureza universal fez-nos animais racionais para que nos ajudássemos uns aos outros mutuamente, de acordo com nossos méritos, mas de modo algum para que prejudicássemos uns aos outros, a pessoa que transgredir a vontade da natureza é claramente culpada de profanar os interesses da mais alta divindade. E também aquele que mente é culpado de ser profano com essa mesma divindade, pois a natureza universal é a natureza das coisas existentes, e as coisas existentes têm uma relação com todas as coisas que vão existir. Além disso, essa natureza universal, também chamada de "verdade", é a causa primordial de todas as coisas autênticas. A pessoa que mente com a intenção de mentir é profana, pois enganar os outros é agir de modo injusto com eles. Também é profano quem mente sem querer, pelo simples fato de estar em desacordo com a natureza universal e de perturbar a ordem, combatendo a natureza cósmica. Lutar contra a natureza é enveredar-se pelo caminho contrário à verdade, é negligenciar os poderes que a natureza nos conferiu para distinguir o falso do verdadeiro. De fato, profana a natureza quem busca o prazer como se ele fosse um bem e evita a dor como se ela fosse um mal. Essa pessoa necessariamente

costuma criticar a natureza universal, alegando que ela atribui à gente má e à gente boa coisas em desacordo com seus respectivos méritos. Muitas vezes, gente má se dá bem e vive no luxo e na luxúria, e gente boa sofre e enfrenta situações que causam dor. Além disso, quem teme a dor às vezes também teme outras coisas que acontecem no mundo, e ter esses medos também é profanar. Quem busca o prazer e não se abstém da injustiça claramente comete uma profanação. Quanto às coisas que a natureza universal trata de modo equânime (afinal, só teria feito as duas coisas para tratá-las equanimemente), as pessoas que desejam estar em conformidade com a natureza também devem tratá-las de modo equânime. Então, no que tange à dor e ao prazer, à morte e à vida, à honra e à desonra, itens que a natureza universal trata de modo equânime, quem não as tratar de modo equânime está claramente agindo de modo profano. Quando eu digo que a natureza universal as trata de modo equânime, quero dizer que acontecem equanimemente, de geração em geração. A origem disso é o antigo impulso da Providência de começar, a partir de certo ponto, a organizar as coisas e conceber certos princípios que balizariam os eventos futuros, além de definir poderes capazes de produzir os seres, as mudanças e os ciclos da existência (VII.75).[29]

2. A pessoa teria o destino mais feliz se, ao se despedir da humanidade, não tivesse experimentado a mentira, a hipocrisia, o luxo e o orgulho. Seja como for, se ao dar o último suspiro você estiver

29 Os mistérios da morte, a sensação do dever cumprido, a capacidade de focar a tarefa e realizá-la, a resiliência diante dos percalços, o cultivo da tolerância, tudo isso é abordado por Marco Aurélio. O músico Akira The Don produziu um álbum com os pensamentos do imperador-filósofo e explica em seu podcast "Como eu fiz um álbum épico" (https://www.iheart.com/podcast/256-the-akira-the-don-podcast-43085991/episode/how-i-made-an-epic-album-79856359/): "Todas essas coisas, todos esses assuntos, todos esses problemas enfrentados pelo homem moderno, [...] ele tinha as respostas [...] há 2 mil anos".

farto dessas coisas, também morrerá feliz, como diz o ditado. Ou prefere abraçar o vício? Por acaso a experiência adquirida ainda não o ensinou a fugir das pestes? Corromper a capacidade de entendimento é uma peste bem maior do que corromper e alterar a atmosfera que nos cerca. A peste física corrompe a natureza animal dos seres vivos, mas a peste mental corrompe a faculdade que nos distingue dos animais.

3. Contente-se com a morte e não a despreze, pois ela é uma coisa que a natureza quer. A dissolução é natural como juventude e velhice, crescimento e maturidade, dentição de leite e permanente, barba no rosto, cabelo grisalho, fecundação, gravidez e parto, essas e todas as outras etapas naturais que vêm ao longo das estações de nossas vidas. Uma pessoa reflexiva, portanto, encara a morte não de modo descuidado, impaciente e desdenhoso; em vez disso, espera por ela como uma das etapas da natureza. Quem sabe aguardar a hora de seu filho sair do ventre de sua esposa um dia saberá aguardar e estar pronto para o instante em que sua alma se desprenderá deste envelope. Mas, se o seu coração requer um consolo extra para conciliar a ideia da morte, analise as coisas que deixará de tolerar e o caráter moral das pessoas com quem sua alma deixará de conviver. Em vida, sua obrigação é cuidar delas e tratá-las gentilmente, mas isso não impede você de, na hora de partir, se lembrar de que elas não compartilham com você os mesmos princípios. Afinal, essa é a única coisa, se é que existe alguma, capaz de nos prender à vida: termos a permissão de viver com gente que compartilha conosco os mesmos princípios. A realidade aponta o contrário, e você sabe quão enfadonho é viver com gente com pontos de vista diferentes dos seus. Ao perceber isso você dirá: "Venha depressa, ó morte! Antes que eu perca o rumo e também me desvie de meus princípios".

4. Fazer mal a alguém é fazer mal a nós mesmos. Ser injusto com alguém é ser injusto conosco mesmos, porque nos tornamos pessoas más.

5. Você pode cometer uma injustiça ao fazer algo, mas também deixando de fazê-lo.

6. A sua opinião atual baseia-se na verdade? A sua conduta atual visa ao bem comum? Seu humor atual é aceitar tudo que acontece? Isso é suficiente.

7. Apague a imaginação. Controle o desejo. Extinga o apetite. Mantenha o intelecto no comando.

8. Animais irracionais têm o dom da vida; animais racionais têm o dom da inteligência. Todas as coisas que têm natureza terrena vivem numa só Terra. Enxergamos com uma só luz e respiramos um só ar, todos os seres que têm a faculdade de visão e tudo o que respira.

9. Pessoas e coisas buscam companhias com as mesmas qualidades principais. O terreno busca a terra, o líquido deságua no líquido, o vapor se dissolve no ar. Só por meio da força conseguimos separar esses elementos. O fogo levanta suas labaredas por causa do fogo elementar, mas está sempre pronto a incendiar. Basta a substância estar um pouco seca que se inflama fácil, porque seus componentes mais facilitam do que impedem a combustão. Igualmente, toda fração da inteligência universal migra, com força e naturalidade, rumo a coisas do mesmo tipo. Justamente por ser superior em comparação com todas as outras coisas, a fração inteligente está mais pronta a se mesclar e se fundir com as coisas semelhantes. Abelhas formam enxames e o gado forma rebanhos. Passarinhos mostram amor na criação dos filhotes. Sim, até mesmo os animais ditos irracionais têm almas, e o poder que os une se exerce em grau superior e de maneira nunca observada na grama, nas pedras e nas árvores. Animais

racionais, por sua vez, formam comunidades políticas e amizades, famílias e assembleias, ou, em tempo de guerra, tratados e armistícios. Em âmbitos e seres mais elevados, há uma unidade, mesmo entre itens isolados, como a que une, por exemplo, as estrelas no céu. A ascensão ao nível superior produz uma relação solidária, mesmo entre as coisas isoladas. Analise o mundo a seu redor. Hoje em dia, só os animais ditos inteligentes se esqueceram desse desejo e inclinação mútuos, e só neles a propriedade de buscar a unidade com seus semelhantes é ignorada. Mesmo assim, embora os humanos se esforcem para evitar (essa união), a unidade acaba os capturando. Tal é a força da natureza. Preste atenção e perceba aonde eu quero chegar: é mais fácil de encontrar coisas terrenas desvinculadas entre si do que seres humanos desconectados entre si.

10. Os seres humanos, os deuses e o universo, cada qual na estação certa, frutificam. O termo "frutificar" não é exclusivo de videiras e outras culturas frutíferas. A razão gera frutos para todos e para si mesma, e os frutos gerados por ela têm a mesma essência da razão em si.

11. Tente corrigir as pessoas que cometem erros. Se não conseguir, lembre-se de que foi por esse motivo que você ganhou a capacidade de perdoar. E os deuses também perdoam as pessoas; tamanha é a divina bondade, que os deuses inclusive nos ajudam em assuntos de saúde, riqueza e reputação. A capacidade de perdoar está a nosso alcance também. Então o que nos impede de exercê-la?

12. Não trabalhe como um miserável que tenta despertar pena ou admiração. Direcione seu ímpeto a uma coisa apenas: colocar-se em movimento ou se controlar, conforme exigir o princípio social.

13. Hoje eu me livrei de todos os problemas, ou melhor, *abri mão* de todos os problemas, pois não estavam fora de mim, mas no meu âmago e nas minhas opiniões.

14. Todas as experiências são familiares, efêmeras e sem valor. Hoje tudo é exatamente como foi no tempo daqueles que enterramos.

15. As coisas existem exteriormente a nós, por conta própria, sem nada saber sobre si mesmas, sem expressar quaisquer julgamentos. Então como as julgamos? Com nosso intelecto.

16. Em animais sociais e racionais, onde reside o mal e o bem, o vício e a virtude? Na passividade? Não: na atividade!

17. A pedra é jogada para cima. Na subida e na queda, existe algo de bom ou ruim? (VIII.20).

18. Penetre no intelecto das pessoas e verá quem são as pessoas de quem você receia críticas e como elas são péssimas em autocrítica.

19. Tudo está mudando: você mesmo está em contínua mutação e em contínua destruição. O mesmo vale para o universo como um todo.

20. Se outra pessoa comete uma transgressão, o nosso dever é deixar como está (VII.29; IX.38).

21. A atividade, o movimento e a opinião se interromperam e, em certo sentido, cessaram. Há algo de mal nisso? Agora pense nas fases etárias da vida: crianças, adolescentes, adultos e idosos. Cada mudança de fase também é um cessar. Há nisso algo a temer? Agora pense na convivência com seu avô, na convivência com sua mãe e na convivência com seu pai. À medida que se depara com inúmeras diferenças, interrupções e mudanças, pergunte a si mesmo: Há nisso algo a temer? Nesse sentido, não há o que temer caso nossas vidas cessarem e se modificarem.

22. Aprimore o seu próprio intelecto, o do universo e o do próximo: o seu próprio, para torná-lo justo; o do universo, para se lembrar de

que faz parte dele; e o do próximo, para que você saiba se ele agiu com ignorância ou com conhecimento e possa, também, comparar o seu intelecto com o dele e ver que se assemelham.

23. Você mesmo faz parte de um sistema social, então deixe que cada um de seus atos faça parte da vida social. E se o seu ato, seja lá qual for, não tiver qualquer ligação, imediata ou remota, a uma finalidade social? Isso dilacera sua vida e não permite que ela tenha unidade. Tem a natureza de um motim, como quem numa assembleia age sozinho e ignora o acordo geral.

24. Birras e joguinhos infantis, e pobres espíritos carregando cadáveres para lá e para cá (assim é tudo). E o que é exibido na representação das mansões dos mortos impacta nossos olhares com mais clareza.

25. Examine cada objeto em suas qualidades formais e o isole completamente da matéria que o compõe. Depois o contemple e determine o tempo que algo nesse formato peculiar costuma durar naturalmente.

26. Você sofreu com infinitos problemas por não estar contente com seu intelecto, mas ele só faz coisas para as quais a natureza o constituiu para fazer. Acho que é suficiente (sobre isso).

27. Quando alguém culpar ou odiar você, ou quando alguém disser palavras injuriosas a seu respeito, aproxime-se dessas pobres almas, penetre no âmago delas e responda: Que tipo de pessoas elas são? Vai descobrir que não há motivo para se preocupar. Não importa se esse pessoal tem essa ou aquela opinião sobre você. Mostre, porém, boa disposição para com essas pessoas, pois por natureza elas são amigas. Também os deuses as auxiliam de múltiplas maneiras: por meio de sonhos e de sinais, para que elas obtenham as coisas às quais dão valor.

28. Os ciclos universais se repetem periodicamente ao longo das eras. Duas possibilidades. Primeira: a inteligência universal desencadeia cada efeito em separado; se for assim, contente-se com os resultados dessa atividade. Segunda: ela desencadeia o efeito conjunto e tudo o mais se sucede em consequência disso; por assim dizer, elementos indivisíveis seriam a origem de todas as coisas. Em suma, as rédeas do universo estão nas mãos do divino ou do acaso, mas não deixe o acaso tomar as rédeas de sua vida (VI.44; VII.75). Em breve todos estaremos cobertos pela terra: e o solo se transformará também, e o resultado dessa mudança contínua é mudança perpétua, de novo e sempre. Pois, se uma pessoa refletir sobre as mudanças e transformações que se sucedem, onda após onda, e o quão rapidamente elas ocorrem, ela há de desprezar tudo o que for perecível (XII.21).

29. A causa universal é como uma tempestade de inverno: leva tudo de roldão. Mas quão inútil é todo esse arremedo de gente envolvida em assuntos políticos que supõem filosofar! Todos doidivanas. Pois bem, meu caro, minha cara: faça o que a natureza lhe exige agora. Se puder, mexa-se e não se preocupe se alguém estiver ou não observando o que você faz. Não acredite no ideal da República de Platão: contente-se com até o mais ínfimo dos progressos e não subestime essa conquista. Pois quem há de mudar as opiniões humanas? E, sem mudança de opinião, o que resta além da escravidão de gente que resmunga enquanto finge obedecer? Vamos lá, então. Conte-me agora sobre Alexandre, Filipe e Demétrio de Falero. Vamos ver se eles julgaram e descobriram o que a natureza comum exigia deles e com base nisso fizeram seu treinamento. Mas, se atuaram como tragicômicos heróis, ninguém vai me condenar a imitá-los. O trabalho da filosofia é modesto e singelo. Nem tente me atrair para a insolência e o orgulho.

30. De um ponto elevado, observe os incontáveis rebanhos humanos e suas incontáveis solenidades; as travessias que alternam infinitamente tempestades e calmarias; e as diferenças entre os que nascem, vivem juntos e morrem. E analise, também, a vida que outros viveram nos tempos antigos, e a vida dos que viverão depois de ti, e a vida agora vivida entre nações bárbaras. Quantas pessoas não sabem sequer o nosso nome? Quantas logo, logo nos esquecerão? Já pensou que as pessoas que hoje nos elogiam muito em breve nos acusarão? De que vale a fama e a reputação póstuma? Reconheça que nada disso tem importância.

31. Diante dos fatos com causas externas, se mantenha impassível. Diante dos fatos com causas internas, atue com justiça. Privilegie as ações sociais, que visam ao bem comum: isso está de acordo com a nossa natureza.

32. Remova do caminho as tralhas inúteis que nos perturbam, elas dependem integralmente de nossas opiniões. Assim, você ganha para si um amplo espaço que abrange todo o universo em sua mente. Contemple a eternidade do tempo, observe a ágil mudança de todas as coisas, a brevidade do tempo do nascer até o dissolver, o tempo ilimitado pré-nascimento e o tempo não menos ilimitado pós-dissolução!

33. Isso tudo que você enxerga vai perecer com rapidez, e os espectadores de sua dissolução logo hão de perecer também. Quem morre na velhice extrema estará na mesma condição de quem morreu cedo.

34. Que princípios norteiam essas pessoas, com que tipo de coisas se ocupam e com quais justificativas amam e honram? Imagine-se desnudando suas pobres almas. Que ideia pensar que as críticas delas nos prejudicam e os elogios delas nos beneficiam!

35. Uma perda nada mais é do que mudança. Mas a natureza universal se deleita na mudança, e em obediência a ela todas as coisas agora são bem-feitas, e desde a eternidade foram feitas assim, e assim continuarão sendo feitas por todos os tempos. Por que, então, você afirma que todas as coisas foram e sempre serão ruins, e que em meio a tantos deuses nenhum mostrou poder para corrigir essas coisas, e assim o mundo está condenado e obrigado a nunca cessar o mal? (IV. 45; VII.88)

36. A podridão da matéria alicerça tudo: água, pó, ossos, sujeira... Pedras de mármore, manchas de terra fraca; ouro e prata, sedimentos; e roupas, meros tufos de pelagem; tinta púrpura, sangue; e o resto tudo é do mesmo tipo. E o que tem a natureza do fôlego também é outra coisa do mesmo tipo, só muda isso para aquilo.

37. Chega dessa vida sofrida e de burburinhos e macaquices. O que está perturbando você? Alguma novidade nisso? Por que tanta inquietude? É o formato das coisas? Dê uma olhada direito. Ou é o material? Dê uma olhada direito. Afora isso, não há nada. Rumo aos deuses então, e agora enfim se torne mais simples e melhor. Se examinarmos essas coisas daqui a três ou cem anos vai estar tudo igual.

38. Se alguma pessoa lhe causou mal, o dano será dela mesma. Mas talvez ela não tenha causado mal nenhum.

39. Das duas, uma: (a) todas as coisas procedem de uma fonte inteligente e se reúnem em um só corpo, e a parte não deve criticar o que é feito em benefício do todo, ou (b) há apenas átomos, nada mais que mistura e dispersão. Sendo assim, o que lhe perturba? Diga a seu intelecto: Você morreu? Se deixou corromper? Está bancando o hipócrita? Se tornou um quadrúpede que pasta com o rebanho?

40. Das duas, uma: os deuses não têm poder ou têm poder. Mas, se não tiverem poder, por que orar a eles? E, se tiverem, por que não orar a eles e pedir a faculdade de não recear nenhuma das coisas que você receia? Ou a faculdade de não desejar as coisas que você deseja? De não se afligir por nada, em vez de orar para que nenhuma dessas coisas aconteça ou não aconteça? Certamente, se os deuses podem cooperar com os humanos, podem cooperar com esses propósitos. Mas talvez você conclua que os deuses o empoderaram. Ora, nesse caso não é melhor exercer sua liberdade e o poder que está em suas mãos do que ambicionar, de maneira servil e abjeta, o que escapa de seu poder? E quem disse que os deuses não nos ajudam até mesmo nas coisas que só dependem de nós? Experimente começar a orar por essas coisas e você vai ver. Um sujeito reza assim: "Como eu faço para levar aquela mulher para cama?". E você reza assim: "Como eu faço para não desejar ir para cama com ela?". Outra pessoa ora assim: "Como eu faço para me livrar disso?". E você reza: "Como eu faço para não querer me livrar disso?". Alguém reza assim: "Como eu faço para não perder meu filhinho?". E você reza então: "Como eu faço para não ter medo de perdê-lo?". Em suma: direcione suas orações desse modo e veja o que acontece.

41. "Em minha doença não fiquei falando sobre meus sofrimentos corporais. Não toquei nesses assuntos quando me visitavam. Em vez disso, continuei a discorrer sobre a natureza das coisas como antes, me atendo a esta questão principal: como a mente, ao participar desses movimentos que ocorrem na pobre carne, deve manter sua bondade inerente e livre de perturbações. Tampouco dei aos médicos a oportunidade de se gavarem como se estivessem fazendo algo relevante. Toquei minha vida como de costume, boa e tranquila." Siga essas palavras de Epicuro na doença e nas demais circunstâncias. Sejam quais forem as circunstâncias, nunca abandone a filosofia. Nem mantenha conversas fúteis com gente ignorante, sem base

em filosofia e nas ciências da natureza. Concentre a atenção no que você está fazendo agora e na ferramenta que estiver usando.

42. Quando se ofender com a conduta vergonhosa de uma pessoa, pergunte-se de imediato: É possível, então, que no mundo não exista mais gente sem-vergonha? Impossível! Não devemos exigir o que é impossível. Pois essa pessoa também é um desses sem-vergonha que obrigatoriamente povoam o mundo. Tenha isso em mente no caso de pessoas tratantes, inconfiáveis e que cometem algum tipo de mal. Ao se lembrar de que é impossível que esse tipo de gente não exista, torne-se mais gentil com cada pessoa, individualmente. Também é útil observar que a natureza nos deu virtudes para contrapor cada ato ofensivo. Como antídoto para a grosseria, ela nos deu a gentileza. E assim por diante. Em linhas gerais, é possível recuperar o desgarrado, pois toda pessoa que erra perde seu objetivo e se desgarra. Além disso, em que sentido você foi afetado? Observe que nenhuma das pessoas que nos causa irritação faz algo capaz de piorar a nossa mente. Se não estiver em nossa mente, nada nos pode ser prejudicial. E o que há de mal ou de estranho em alguém sem instrução fazer atos de uma pessoa sem instrução? Não culpe a si mesmo. Como ia adivinhar que a pessoa agiria como agiu? A sua razão lhe deu os meios para supor; era provável que ela pisasse em falso! Mesmo assim, você se esqueceu e ficou surpreso com o passo em falso. Acima de tudo, antes de acusar uma pessoa de traidora ou ingrata, olhe-se no espelho. A culpa é toda sua. Foi você quem confiou que uma pessoa sem palavra cumpriria a palavra. Foi você que fez uma boa ação querendo gratidão em troca. Apenas fazer a boa ação deveria ser recompensa suficiente! O que mais você quer quando presta um serviço a alguém? Quer um pagamento ou fica contente por ter feito algo compatível com sua natureza? É como se os olhos exigissem recompensa por enxergar e, os pés, por andar. Órgãos e membros são formados para um propósito particular e

para desempenhar suas funções. Assim o ser humano é formado pela natureza para fazer boas ações. Quando fazemos algo benevolente ou de interesse comum, estamos agindo de acordo com nossa composição e alcançando a autorrealização.

LIVRO

X

1. Quer dizer, então, minha alma, que você nunca vai ser boa, singela, única, desnuda e mais visível do que a carcaça que a envolve? Nunca vai desfrutar de uma disposição afetuosa e contente? Nunca vai estar satisfeita e sem necessidades de qualquer tipo, sem desejar algo mais, sem desejar nada, animado ou inanimado, para o gozo dos prazeres? Sem desejar o momento ou o lugar em que você terá mais prazer? Sem desejar clima melhor nem a companhia de pessoas harmônicas? Nunca vai ficar satisfeita com sua condição atual, satisfeita com tudo a seu redor? Nunca vai se convencer de que tudo que você tem vem dos deuses? De que está tudo bem e vai continuar bem se assim aprouver aos deuses? De que isso mantém a perfeição de um universo justo, belo, que cria e nutre todas as coisas, que contém e abarca todas as coisas que se dissolvem para gerar coisas semelhantes? Você nunca conseguirá viver em comunhão com deuses e seres humanos sem encontrar defeito neles nem ser condenado por eles?

2. Preste atenção no que a sua natureza exige, como se somente ela estivesse no comando. Aceite de bom grado e cumpra a tarefa se ela não ofender sua natureza de ser vivo. E o que a sua natureza de ser vivo exige de você? Preste atenção nisso. Aceite de bom grado e cumpra a tarefa se ela não ofender sua natureza de animal racional.

Todo ser racional é, também, sociopolítico. Siga essas regras e não se preocupe com mais nada.

3. De acordo com sua natureza, você suporta ou não suporta as coisas que acontecem. Então, se acontece algo com você dentro dos limites de sua resiliência, não reclame. Suporte, já que você foi credenciado pela natureza para suportar. Mas, se acontece algo com você que extrapola os limites de sua resiliência, também não reclame. Essa coisa vai perecer, não sem antes consumir você. Lembre-se, no entanto, de que é você quem determina os limites de sua resiliência. Só depende de sua própria opinião tornar algo suportável e tolerável. Basta pensar que é seu dever ou seu interesse fazê-lo.

4. Se uma pessoa estiver no caminho errado, gentilmente mostre o que ela não está percebendo. Mas, se você for incapaz disso, culpe a si mesmo ou a ninguém.

5. Seja lá o que acontecer a você, isso estava preparado desde a eternidade; e a relação causal já entretecia desde a eternidade os fios de sua existência e desses eventos em especial (III.2; IV.26).

6. O universo é um conjunto de átomos ou um sistema da natureza. Seja como for, vamos combinar que faço parte desse todo governado pela natureza. Por outro lado, estou intimamente relacionado com as partes que são do mesmo tipo que eu. Se eu me lembrar de que sou uma parte do todo, não vou ficar descontente se o todo me atribuir algo. Se algo for útil para o todo, não atrapalha as partes. Afinal, o todo não contém nada que não lhe seja vantajoso. Certo, todas as naturezas têm esse princípio comum, mas a natureza universal tem um princípio extra: não pode ser compelida nem mesmo por causas externas a gerar algo prejudicial a si mesma. Assim, se eu lembrar que faço parte desse todo, tudo o que acontece é motivo de contentamento. E, à medida que tenho afinidade com outras partes, não vou fazer nada antissocial e contrário ao bem comum. Em vez disso, vou me esforçar em prol das partes afins e direcionar todos

os meus esforços em prol do interesse comum e evitar distrações. Ora, se as coisas transcorrem assim, a vida flui feliz. Também é feliz quem vive com cidadania, fazendo ações úteis para seus concidadãos e se contenta com sua missão social.

7. Tudo que faz parte do todo e está naturalmente compreendido no universo há necessariamente de perecer, mas perecer no sentido de sofrer mudanças. Se isso fosse naturalmente um mal e uma necessidade para as partes, o todo não continuaria a existir em boas condições. As partes estariam sujeitas a mudanças e constituídas de modo a perecer de várias maneiras. Será que a própria natureza planeja fazer mal às coisas que a constituem, sujeitá-las e induzi-las necessariamente ao mal? Ou será que esses resultados acontecem sem ela saber? As duas suposições são realmente incríveis. Mas, se a pessoa abandonasse o termo *Natureza* (como poder eficiente) e chamasse essas coisas de *naturais*? Ainda assim cairia no ridículo se afirmasse que é natural às partes do todo estarem sujeitas à mudança e, ao mesmo tempo, ficasse surpresa ou aborrecida como se algo contrário à natureza estivesse acontecendo! Em especial, porque as coisas se dissolvem nos elementos que as compõem. Das duas, uma: esses elementos que compõem tudo se dispersam, ou o sólido se transforma em terreno e o aéreo em etéreo, de modo a reconduzir essas partes à razão universal, seja consumida pelo fogo ou renovada por mudanças eternas. E não vá imaginar que a parte sólida e a aérea lhe pertencem desde a fecundação. Porque esses elementos se acresceram apenas ontem e anteontem, como é possível afirmar, do alimento ingerido e do ar inspirado. Então, a parte que se transforma é a que recebeu o acréscimo, não a que a sua mãe deu à luz. Mesmo que isso (que a mãe deu à luz) tenha uma forte conexão com suas qualidades peculiares (de transformação), não contraria o que eu disse.

8. Enfim você conseguiu ser chamado de bom, modesto, verdadeiro, racional, pacato e altivo! Agora tome cuidado para não trocar esses rótulos. Se

por acaso os perder, volte rapidamente a eles. E lembre-se de que o termo "racional" significa estar atento às diferenças e livre da negligência. Ser "pacato" é aceitar voluntariamente o que nos é atribuído pela natureza comum. Ser "altivo" é elevar o intelecto acima das sensações prazerosas ou dolorosas da carne, acima dessa coisa pobre chamada "fama", da morte e de todas essas coisas. Então, se você continuar merecendo esses adjetivos, sem desejar ouvi-los dos lábios alheios, se tornará uma pessoa nova, com vida renovada. Continuar sendo o que você tem sido até agora, se despedaçar e se contaminar nesse tipo de vida é coisa de uma pessoa estupidamente agarrada à vida, como aqueles gladiadores jogados às feras que, embora semidevorados, cobertos de ferimentos e de sangue, ainda rogam para ser poupados por mais um dia, para no dia seguinte ser expostos, no mesmo estado, às mesmas garras e dentes. Concentre-se, portanto, na posse dessas poucas qualidades: se você for capaz de mantê-las, faça isso como alguém que foi morar nesse mítico paraíso, as Ilhas dos Bem-Aventurados. Mas, se perceber que as perdeu, corajosamente tente reavê-las e guardá-las em algum recanto. Caso contrário, é melhor se afastar imediatamente da vida, não imbuído de paixão, mas com simplicidade, liberdade e modéstia, após fazer ao menos uma única coisa louvável na vida: sair de cena assim. Para recordar dessas qualidades, porém, ajuda muito recordar dos deuses. Eles não querem ser lisonjeados, mas desejam que todos os seres racionais se assemelhem a eles. A figueira faz o trabalho de uma figueira, o cão faz o trabalho de um cão, a abelha faz o trabalho de uma abelha. Não se esqueça disso. E o trabalho de um ser humano quem faz é o ser humano.

9. Dia após dia, a tolice, a guerra, o espanto, o torpor e a escravidão vão extinguir os seus princípios sagrados. Quantas coisas você imagina sem antes estudar a natureza, e quantas você negligencia? Cumpra as tarefas impostas pelas circunstâncias e aprimore o poder de lidar com isso. Exercite as faculdades contemplativas e adquira autoconfiança com base no conhecimento. Não esconda essas faculdades, mas também não se vanglorie delas. Que tal curtir a sensação de agir com simplicidade e seriedade? Que

tal curtir a aquisição de conhecimentos multivariados sobre a matéria, o lugar, a vida útil e a composição das coisas no universo? A quem elas pertencem e a quem cabe dá-las e tirá-las?

10. A aranha fica toda prosa[30] ao capturar uma mosca, e o predador ao pegar a coitada da lebre, e o pescador ao pegar um peixinho na rede, o caçador ao pegar javalis, outro ao pegar ursos e ainda outro ao pegar sármatas.[31] Não são ladrões, se analisarmos os princípios deles?

11. Cultive o hábito de contemplar e ver como tudo se transforma em outra coisa. Preste atenção constante a isso e se instrua sobre esse tema (filosófico). Nada gera tanta altivez de ideias. Essa pessoa se libertou do corpo. Percebeu que em breve se afastará do convívio humano. Por isso, simplesmente se resigna à natureza universal em todas as suas ações. Mas ela jamais pensa no que as outras pessoas vão dizer ou pensar. Contenta-se com duas coisas: agir com justiça no que ela faz agora e ficar satisfeita com o que lhe foi designado. Deixa de lado todas as atividades que a perturbam e a sobrecarregam. Quer apenas trilhar o caminho certo, respeitando as leis e obedecendo aos deuses.

12. Por que conjeturar se temos o poder de investigar o que há para ser feito? Se você estiver enxergando com clareza, enverede-se contente por esse caminho, sem voltar atrás. Se não estiver bem claro, pare e ouça bons conselhos. Caso algo mais se opuser em seu caminho, persevere e se atenha ao que aparenta ser justo. Porque esse é o melhor objetivo a ser alcançado. Se for para fracassar, é melhor fracassar tentando. Quem usa a razão em tudo que faz é ao mesmo tempo tranquilo e ativo, além de alegre e sereno.

30 Diz-se de quem é ou está cheio de si; pedante; convencido: "ele ficou todo prosa com os elogios". (N. do T.)

31 Marco Aurélio combateu e expulsou os sármatas nas guerras marcomânicas. (N. do T.)

13. Ao despertar, pergunte a si mesmo: Se você estiver agindo com retidão e justiça, vale a pena se importar com as críticas? Não vale a pena (VI.32; VIII.55). Essa gente de nariz empinado vive elogiando e culpando os outros, mas é igualzinha a eles na cama e na mesa. Não se esqueça do que fazem, e o que evitam, e o que procuram, e como roubam e surrupiam não com as mãos e os pés, mas com sua parte mais valiosa, por meio da qual se produz, se a pessoa assim escolher, a fidelidade, a modéstia, a verdade, a lei e um bom *daimon* (o espírito da felicidade) (VII.17)?

14. A pessoa instruída e modesta diz à Natureza, aquela que tudo nos dá e tudo nos tira: "Dê o que quiser e tire o que quiser". E diz isso a ela sem orgulho, mas em tom de obediência e satisfação.

15. A sua vida está no fim. Viva como alguém na montanha. Não faz diferença se a pessoa vive lá ou aqui, se em todos os lugares ela vive subordinada à comunidade política. A pessoa honesta vive segundo os preceitos da natureza. Deixe o mundo ver e conhecer uma pessoa honesta, que vive segundo os preceitos da natureza. Se o mundo não a tolera, então que a mate. É melhor morrer do que viver assim (como os outros vivem).

16. Não fique alardeando como fazer para se tornar uma boa pessoa. Em vez disso, seja uma boa pessoa.

17. De modo constante, contemple o tempo integral e a substância integral. Na substância, cada item não passa de uma sementinha de figo; no tempo, não passa do giro de uma pua.

18. Observe tudo o que existe: tudo muda e se dissolve, apodrece e se dispersa, por assim dizer; tudo por Natureza está destinado a fenecer.

19. Analise o que as pessoas são quando comem, dormem, fecundam, evacuam e assim por diante. Em seguida, observe como se tornam imperiosas e arrogantes, zangadas e censuradoras, em sua condição superior. Mas há

pouco tempo eram escravas de alguém, e por quais motivos! E analise em que condição vão estar em pouco tempo.

20. A natureza universal traz benefícios a cada ser e cada coisa. E a natureza faz isso no exato instante que é necessário.

21. O solo ama a chuva. O amor comove o éter sublime. E o universo ama fazer tudo que há de existir. Universo, me escute: "O que você amar, eu também amo". Como se diz: "Isso ou aquilo ama [tem a tendência de] ser produzido".

22. Ou você continua a viver aqui porque já se acostumou com a rotina, ou se retira por vontade própria, ou morre com o dever cumprido. Nada além dessas três opções. Por isso, ânimo e firmeza!

23. Sempre tenha em mente o seguinte: este pedaço de chão é como qualquer outro; todas as coisas aqui são iguais àquelas no topo da montanha, ou à beira-mar ou onde você estiver. E o que vai encontrar? Exatamente o que Platão diz: "Habitar dentro dos muros da cidade é como estar no cercado de um pastor [na montanha]".

24. Para mim, hoje, em que consiste meu intelecto? Estou direcionando meu intelecto a atos de qual natureza? Para quais propósitos estou aplicando meu intelecto agora? Esvaziou-se de discernimento? Desprendeu-se e separou-se da vida social? Derreteu-se e imiscuiu-se com a pobre carne para andar com ela?

25. Quem escapa dos grilhões que nos comandam é um fugitivo; mas a lei nos comanda, e quem infringe a lei é, a seu modo, também um foragido. E o que dizer da pessoa tristonha, irritada e sestrosa, insatisfeita com o que aconteceu, acontece e acontecerá? Insatisfeita com o que foi designado por quem comanda todas as coisas, representa a lei e atribui a cada um o que é adequado? O tristonho, irritado ou sestroso é um desertor.

26. O homem planta a semente no útero e se retira. Outros desígnios assumem, e o resultado é um bebê. Que trabalho espantoso! Em seguida, a criança ingere o alimento. Novos desígnios assumem e geram percepção e movimento, vida e força, entre outras coisas. Quantos produtos e quão bizarros! Observe a força por trás desses processos ocultos. Mesmo sem ver, percebemos que existem forças que atraem as coisas para baixo ou para cima. Não as vemos com os olhos, mas as percebemos com clareza (VII.75).

27. Analise constantemente a situação atual das coisas. No passado não eram diferentes. E no futuro serão iguais. Também descortine perante seus olhos cenas e dramas inteiros, tudo o que você aprendeu ao longo da vida ou com as histórias da Antiguidade. Por exemplo, o reinado de Adriano, e o de Antonino, e o de Filipo, Alexandre, Creso; os dramas de hoje se desenrolam como os de ontem, mas com atores diferentes.

28. A pessoa que está contrariada ou descontente com algo é como o porco que esperneia e guincha antes de ser abatido. A pessoa que silenciosamente em sua cama lamenta as amarras da vida também é como esse porco. Aceitar os fatos não é uma exclusividade dos animais racionais: é uma necessidade imposta a todas as criaturas. Mas aceitar os fatos por decisão própria é uma capacidade exclusiva dos animais racionais.

29. Seguidamente, em tudo que você faz, pare e pergunte a si mesmo: A morte é uma coisa temível porque o privará disso?

30. Alguém cometeu uma ofensa contra você? De imediato olhe-se no espelho e reflita: Você também não comete ofensas? Não corre atrás de dinheiro, prazer, boa reputação e coisas do gênero? O ser humano é compelido a fazer certas coisas. Tente afastá-lo da compulsão, mas, nesse meio-tempo, dissipe sua raiva.

31. Ao se deparar com Satirão, Eutiques e Hímen, pense em membros da escola socrática. Depare-se com Eutíquio ou Silvano, pense em Eufrates. Depare-se com Alcifrão e pense em Tropeóforo. Depare-se com Severo ou Critão e pense em Xenofonte. Ao se deparar consigo mesmo, pense num dos Césares e em cada caso proceda de modo análogo. Depois analise: "Agora cadê eles?". Sabe-se lá. Continuamente as coisas humanas se dissipam como fumaça. Reflita o seguinte: uma vez que uma coisa se transforma, ela nunca mais existirá em sua forma antiga na infinitude do tempo. Mas e você, em qual breve espaço de tempo você existe? Por que não se contenta em passar esse curto período de maneira ordenada? Evita quais assuntos e oportunidades (em suas atividades)? Em que consistem todas essas coisas, afinal, além de possibilidades para exercitarmos o raciocínio? Para examinarmos cuidadosamente a natureza das coisas que acontecem na vida? Com perseverança, aproprie-se das coisas que a vida nos oferece, como o estômago forte que transforma tudo e se apropria de tudo que nele passa, como o fogo ardente transforma e se apropria de toda lenha nele lançada.

32. A ninguém cabe dizer "verdades" sobre você, afirmando que não é uma pessoa simples e boa. Quem disser isso sobre você está mentindo. Afinal, ser uma pessoa simples e boa é algo inteiramente a seu alcance. E só vale a pena viver se formos bons e simples. Só assim a razão nos permite viver.

33. Sobre o assunto em questão, o que podemos fazer ou dizer em conformidade com a mais aguçada inteligência? Seja qual for o problema em nossas vidas, está a nosso alcance analisá-lo. Nada vai nos impedir de responder à questão acima. Como entrar em conformidade com a natureza humana? Fazendo as coisas de acordo com a nossa constituição. O hedonista busca a luxúria. O estoico busca o prazer na solução do problema e em fazer o que está de acordo com a nossa natureza. Isso está a nosso alcance, em todos os lugares. A roda encontra obstáculos no caminho, e o mesmo vale para a água, o fogo e qualquer outra coisa governada pela natureza ou por uma

alma irracional, pois são muitas as pedras no caminho. Mas a inteligência e o raciocínio superam todos os obstáculos. Para isso foram constituídas, para exercer a capacidade de escolha. O fogo sobe, a pedra cai, a roda corre na ladeira. Assim, a inteligência ultrapassa tudo com facilidade. Se você entender isso, não precisa entender mais nada. Todos os demais obstáculos só afetam o corpo, que é uma coisa morta. Não esmagam nem causam danos de qualquer espécie. Isso só ocorre se a mente assim permitir. Quem não controla a mente não supera os obstáculos: paralisa e deteriora. Por outro lado, a pessoa que usa corretamente as circunstâncias e as suplanta torna-se melhor e, por assim dizer, mais digna de admiração. Por fim, lembre-se: quem exerce a verdadeira cidadania não fere o Estado. Quem não fere o Estado não fere a lei (a ordem), e nenhum "azar" fere a lei. E quem não fere a lei não fere o Estado nem os cidadãos.

34. Para quem traz em seu âmago princípios verdadeiros, até mesmo o mais breve e comum dos preceitos é suficiente para lembrá-lo de que deve se libertar da tristeza e do medo. Por exemplo: "Folhas secas que o vento espalha no chão – assim é a espécie humana". Folhas também são nossos filhos. Folhas são os que afirmam merecer crédito, concedem elogios ou tecem críticas, e secretamente censuram e zombam. Folhas são aqueles que recebem e transmitem a fama de alguém para os tempos posteriores. Todas essas coisas, afinal, "são produtos da primavera", como diz o poeta; então o vento as derruba; e a floresta renova a folhagem. Mas ter uma breve existência é algo compartilhado por todas as coisas. Mesmo assim, você tenta evitar isso e corre atrás de todas as coisas como se elas fossem eternas. Em pouco tempo, você fechará os olhos; e também as pessoas que prantearam ao pé de sua sepultura, outras logo prantearão.

35. O olho sadio enxerga tudo sem ficar dizendo: "Desejo cores vibrantes". Essa é a condição de um olho doente. E a audição e o olfato sadios devem estar prontos para captar tudo o que há para ser ouvido e farejado. E o estômago saudável está para os alimentos como o moinho para todas as coisas que ele foi feito para moer. Portanto, a mentalidade salutar deve

estar pronta para tudo o que acontece. Mas a pessoa que diz "Deixem viver meus queridos filhos, e todas as pessoas elogiem tudo o que eu fizer" é como olhos que só buscam cores vibrantes ou os dentes que só buscam comidas tenras.

36. Uma boa pessoa está morrendo. Uma coisa é certa: à beira do leito, alguém murmura de si para si, feliz por dentro: "Vamos enfim respirar, livres deste perfeccionista! Nunca nos tratou com rigor, mas notei como nos condena de maneira tácita". Se vão pensar isso de uma pessoa boa e sábia, imagine quantos motivos terão para suspirar de alívio quando for a minha vez? Pense nisso, então. E, quando estiver morrendo, partirá mais contente refletindo assim: "Estou me afastando dessa vida em que até mesmo meus companheiros, em favor de quem tanto lutei, rezei e tomei precauções, eles mesmos desejam a minha partida, esperando talvez obter uma pequena vantagem com isso". Nesse caso, por que deveríamos nos apegar a uma estadia mais longa? Mas atenção. Por esse motivo não parta indisposto com eles. Preserve o seu caráter amigável, suave e benevolente. Não vá com o coração partido, mas como a pessoa que morre tranquila, cuja pobre alma se separa facilmente do corpo. Assim deve ser também a sua despedida, porque quem uniu e associou você a eles foi a natureza. E agora ela dissolve a união? Bem, estou sendo separado de amigos e parentes, mas sem resistir, porque morrer também está de acordo com a natureza.

37. Até onde for possível, acostume-se a perguntar sempre que alguém fizer algo: "Qual é o objetivo dessa pessoa ao fazer isso?". Comece com você mesmo e investigue por que está fazendo o que faz.

38. Lembre-se: o poder oculto que mexe os pauzinhos em nossas vidas é a persuasão. É o âmago do ser humano. Contemple-se sem incluir a carcaça envoltória e os órgãos nela contidos. Esses órgãos são ferramentas como o machado, com a diferença de que crescem conosco. Esses itens só se tornam úteis quando movidos e detidos por uma força interna. Sem isso, são como tear sem tecelão, caneta sem escritor e chicote sem cocheiro.

LIVRO XI

1. Eis as propriedades da alma racional: enxergar-se; analisar-se; fazer uso de si conforme sua própria escolha; colher os frutos que produz – diferentemente de frutos vegetais e seus equivalentes animais, que são colhidos por outros; atingir seu propósito em uma vida curta ou longa. Em uma dança ou peça teatral, se a performance é interrompida, o espetáculo como um todo fica incompleto. A alma racional, porém, completa e finaliza todas as suas tarefas, para, assim, quando a morte chegar, dizer: "Cumpri a minha missão". Além disso, a alma racional perpassa todo o universo e o vácuo circundante, escrutina suas formas e se estende até o infinito do tempo, abraça e compreende a renovação periódica de todas as coisas, entende que os que vierem depois de nós nada hão de ver de novo, como os que nos antecederam não viram mais do que nós vimos. Se a pessoa chega aos quarenta anos, se tiver algum discernimento, já viu tudo, em razão da uniformidade que prevalece em tudo o que foi e em tudo o que será. Outras características da alma racional são: o amor ao próximo, a verdade, a modéstia de saber que tudo tem o seu valor inerente. No domínio do direito, não há diferença entre a razão certa e a razão justa.

2. Mesmo relutante, admita: Você se enlevaria com o canto se a melodia fosse decupada em vários acordes isolados e notas

separadas? E com a dança, se cada movimento e gesto fosse observado separadamente? E no caso do pancrácio, se cada golpe e técnica fosse analisado em separado? À exceção da virtude e dos atos de virtude, lembre-se de decompor as coisas em várias partes, porque com essa divisão você dá menos valor a elas. A regra também vale em todas as esferas de sua vida.

3. Alma verdadeira é a que está pronta para, a qualquer momento, separar-se do corpo! Pronta para ser extinta, ou dispersa, ou continuar a existir. Essa prontidão vem do próprio raciocínio humano, não da mera tenacidade (como ocorre com os cristãos).[32] Vem após um pensamento sério e digno, de modo a persuadir outrem, sem espalhafato.

4. Minhas ações foram de interesse comunitário? Então já obtive a recompensa. Sempre mantenha isso em mente e nunca pare de fazer o bem.

5. Qual é a nossa missão? Agir com bondade. E como levar isso a cabo a não ser com a ajuda das teorias filosóficas sobre a natureza universal e outras sobre constituição humana?

6. Nos primórdios, as tragédias eram encenadas como meio de lembrar o público sobre as coisas que acontecem à humanidade, que assim acontecem porque estão em conformidade com a natureza. Se você se delicia com o que é mostrado no palco do teatro, não deve se incomodar com o que acontece no palco da vida. Você percebe que essas coisas devem acontecer assim, e até mesmo quem lamenta "Ó Citerão!"[33] deve suportá-las. Realmente algumas coisas são bem descritas por dramaturgos, como: "Se os deuses não se importam comigo e com

---

32 Sobre esse comentário em relação aos cristãos, existe uma nítida divisão no mundo acadêmico. Enquanto boa parte dos eruditos acha que o comentário é do próprio Marco Aurélio, outra parte acredita que se trata de inserção posterior em alguma transcrição da obra. (N. do T.)

33 Referência à tragédia ***Édipo-Rei*** de Sófocles. Citerão é o monte em que Édipo foi abandonado quando neném. (N. do T.)

meus filhos, algum motivo há para isso".[34] E de novo: "Não faz sentido se irritar com o que acontece". E também: "Colha a vida como quem colhe espigas de trigo maduras".[35] E outros trechos de teor similar. Depois das tragédias, surgiu a Comédia Antiga, que desfrutou de uma liberdade de expressão magistral.[36] Com sua linguagem coloquial, foi útil para lembrar o povo de tomar cuidado com o esnobismo. Diógenes costumava citar escritores desse período por esse motivo. Então veio a Comédia Intermediária, que desembocou na Comédia Nova, que aos poucos foi mimetizando a vida real. Até mesmo os escritores dessa fase têm coisas boas, todo mundo sabe. Mas qual era o objetivo geral desses poetas e autores de peças teatrais?

7. Cada vez mais fica claro um fato: você não poderia estar em melhor posição para filosofar do que essa em que está agora!

8. O ramo cortado de um galho está sendo cortado da árvore também. Quem se afasta do vizinho se afasta de toda a comunidade. O ramo não tem culpa de ser cortado. Mas a pessoa por escolha própria corta as relações com alguém e passa a odiá-la. Afasta-se dela, sem saber que está cortando uma ramificação com todo o sistema social. Certamente Zeus, o formador da sociedade, nos concedeu o privilégio e a capacidade de rebrotarmos e nos reaproximarmos para, assim, nos tornarmos novamente uma parte que ajuda a compor o todo. Muitas vezes acontece, porém, que esse tipo de separação dificulta a parte que se desprende de ser trazida à unidade e restaurar a sua condição anterior. Afinal, o ramo que sempre cresceu junto com a árvore sempre

34 Esta citação e a próxima parecem ter como fonte a peça ***Antíope***, de Eurípides. (N. do T.)

35 Na tradução de Long, "wheat's fruitful ear". A infrutescência do trigo é botanicamente chamada de "espiga". O livro da Empresa Brasileira de Pesquisa Agropecuária – Embrapa, ***Trigo, do plantio à colheita***, pode ser baixado em https://www.embrapa.br/busca-de-publicacoes/-/publicacao/1022684/trigo-do-plantio-a-colheita. (N. do T.)

36 Aristófanes (447 a.C. - 385 a.C.) é o principal expoente desse período da Comédia Antiga. (N. do T.)

teve uma vida com ela. É diferente de um ramo cortado que depois rebrotou ou foi enxertado. Os jardineiros têm até um ditado sobre isso: "Cresce com a árvore, mas não pensa como ela".

9. Se você estiver agindo com os motivos certos, ninguém criará obstáculos em seu caminho capazes de impedir você de tomar as medidas certas. Da mesma forma, não deixe que essas pessoas afastem você de seus bons sentimentos em relação a elas. Não abra mão de nenhum desses dois pontos e preocupe-se igualmente com eles: primeiro, julgar e agir com firmeza; segundo, tratar gentilmente as pessoas que tentam atrapalhar ou perturbar você. Deixar-se irritar com elas é uma fraqueza, assim como, em decorrência do medo, se afastar de seu curso de ação e desistir. A pessoa deserta de seu posto nos dois casos, a que faz isso por estar com medo e a que se aliena das outras de quem é, por natureza, parente e amiga.

10. Não há natureza inferior à arte, pois as artes imitam a natureza das coisas. Sendo assim, a natureza universal – a mais perfeita e a mais abrangente de todas as naturezas – é insuperável pela arte. A arte e o engenho humanos criam coisas inferiores com intuitos superiores. Portanto, a natureza universal também faz isso. De fato, essa é a origem da justiça, de onde brotam as demais virtudes. Afinal, a justiça se perde quando nos preocupamos com ninharias e quando somos facilmente enganados, displicentes e volúveis (V.16, 30; VII.55).

11. Se uma coisa estiver perturbando você, em vez de a evitar ou de se exasperar com ela, aplique o seu intelecto a não se deixar perturbar. Não é preciso evitar as coisas nem se exasperar com elas. Mantenha-se imperturbável, e a coisa se torna algo inerte.

12. O formato esférico da alma se mantém quando não se estende rumo a nenhum objeto, nem se contrai para dentro, nem se dispersa ou afunda,

mas é inundado pela luz, por meio da qual a alma enxerga a verdade: a verdade de todas as coisas e a verdade nela intrínseca (VIII.41, 45; XII.3).

13. Vamos supor que determinada pessoa me despreze. Isso diz respeito a ela. O que me diz respeito é que eu não seja descoberto fazendo ou dizendo algo merecedor de desprezo. Outra pessoa não gosta de mim? Isso diz respeito a ela. Vou tratar cada pessoa com gentileza e bondade, pronto a mostrar que ela está errada. Não vou fazer isso em tom de reprovação, nem para mostrar minha resiliência. Vou fazer isso nobre e honestamente, como o grande Focião,[37] mesmo se no fundo ele pudesse estar fingindo. Isso deve brotar do âmago, e uma pessoa não deve ser vista pelos deuses reclamando de algo ou insatisfeita. Se você agora estiver fazendo o que combina com a sua própria natureza, não há o que reclamar. Contente-se com o que hoje é adequado à natureza universal, pois você exerce sua função em prol do benefício comum.

14. Desprezam-se, mas bajulam-se; querem se sobrepor umas às outras, mas rebaixam umas às outras.

15. "Estou decidido a tratar você de maneira justa!", diz alguém. Como assim? Quem faz esse preâmbulo só pode ser uma pessoa folgada e fingida. Tipo de aviso desnecessário. Quem age com justiça não precisa ficar alardeando antes. Isso estará claro na voz e no olhar. O caráter da pessoa logo transparece no olhar. Em uma troca de olhares, amantes sabem que se amam. A pessoa boa e honesta exala isso como quem exala um forte aroma. Quem se aproxima dela percebe isso, querendo ou não. Mas a falsa honestidade é como uma vara torta. Não há maior desgraça que uma amizade fingida. Fique longe dessas amizades falsas. Quem é sincero, simples e bondoso transparece isso no olhar. Não há como cometer engano.

37 Condenado à morte em Atenas, Focião deixou uma mensagem ao filho dele para que não guardasse mágoa dos atenienses. (N. do T.)

16. Viva da melhor maneira! Traga esse poder na alma: não dê importância às coisas desimportantes. Para diferenciar o que importa do que não importa, olhe cada coisa dessas em separado e em conjunto. Lembre-se: formar uma opinião sobre elas é algo que não depende delas, mas de você. Elas permanecem imóveis: somos nós mesmos que produzimos os julgamentos sobre elas. Por que dar importância a coisas desimportantes? A nós também cabe eliminar julgamentos que, de modo imperceptível, se esgueiram em nossas mentes. Basta lembrar que a preocupação terá vida curta, pois a vida também é curta. Além disso, qual é o problema afinal? Se as coisas estiverem de acordo com a natureza, elas se tornam motivos de regozijo. Se forem contrárias à sua natureza, tente encontrar o que combina com a sua própria natureza. Concentre-se nisso, mesmo que não traga fama: todo mundo tem a permissão de buscar seu próprio bem.

17. De onde as coisas vêm? Em que elas consistem? Em que tipo de coisas elas se transformam? Analise isso e verá que a mudança não causa nenhum dano.

18. Alguém ofendeu você? Em primeiro lugar, avalie qual é a nossa relação com as pessoas em geral e lembre-se de que somos feitos para cooperar. Sob outro prisma, nascemos para ser guardiões e líderes e levar em conta o seguinte: primeiro, se todas as coisas não passam de meros átomos, é a natureza que ordena todas as coisas; sendo assim, seres inferiores existem para o bem dos superiores, e os superiores, para o bem uns dos outros (II.1; IX.39; V.16; III.4). Segundo: veja que tipo de gente elas são à mesa, na cama, e assim por diante. Em especial, as compulsões que influenciam as opiniões delas. Analise também se elas têm orgulho do que fazem (VIII.14; IX.34). Terceiro: se as pessoas cumprem a tarefa de modo apropriado, não devemos ficar descontentes. Porém, se não estiverem fazendo direito, com certeza é um lapso involuntário e por ignorância. Nenhuma alma se priva voluntariamente da verdade. Da mesma forma, nenhuma alma se priva voluntariamente do poder

de se comportar com cada pessoa conforme ela merece. Assim, sofremos quando somos chamados de injustos, ingratos e gananciosos ou, numa palavra, malfeitores para nossos vizinhos (VII.62, 63; II.1; VII.26; VIII.29). Quarto: leve em conta que você também comete muitos erros e é tão humano quanto eles. Mesmo que você se abstenha de cometer certos deslizes, ainda assim está propenso a cometê-los. E, muitas vezes, só não os comete por motivos mesquinhos: covardia e medo de perder a reputação (I.17). Quinto: considere que você nem tem *certeza* se as pessoas estão agindo errado ou não. Afinal, muita coisa é feita conforme as circunstâncias. Em suma, uma pessoa deve aprender muito para ser capaz de julgar lisamente as ações de outra pessoa (IX.38; IV.51). Sexto: quando estiver em aflição ou tristeza, pense que a vida humana é um átimo de tempo e num piscar de olhos estaremos todos mortos (VII.58; IV.48). Sétimo: não é a ação humana que nos perturba, pois ela tem seu fundamento nos princípios do intelecto humano. O que nos perturba é a nossa própria opinião. Então, afaste essas opiniões. Descarte o seu julgamento de que uma ação é ofensiva, e pronto: sua raiva se foi. Mas como vou abrir mão dessas opiniões? Reflita: nenhum ato iníquo de outrem lança vergonha sobre você. Passar vergonha necessariamente envolve fazer coisas muito erradas, como roubar e tudo mais (V.25; VII.16). Oitavo: de súbito algo acontece e nos causa sofrimento. Deixamos a raiva e a indignação nos dominar, causando um sofrimento ainda maior (IV.39, 49; VII.24). Nono: considere que a empatia é invencível se for autêntica, e não um sorriso afetado e a encenação de um papel. Até mesmo a pessoa mais violenta ficará desconcertada se você continuar a mostrar empatia por ela. E, quando surgir a oportunidade, oriente essa pessoa de forma gentil, corrigindo calmamente os erros dela, no momento exato em que ela estiver tentando lhe causar mal, dizendo: "Não faça assim, meu bem. Por natureza, somos constituídos para outra coisa: com certeza não vou ser ferido, mas você está ferindo a si mesma, meu bem". E com tato mostre a ela os princípios gerais por trás dessa ideia.

Dê o exemplo das abelhas e de outros animais gregários por natureza e de como eles agem. E não faça isso com ironia ou ar de reprovação, mas com afeto e sem qualquer rancor na alma. Não faça como se você a estivesse ensinando, nem ainda para se exibir a algum espectador. Não importa se ela estiver sozinha ou na presença de outros...[vi] Tenha em mente essas nove dicas, como se elas fossem um presente das Musas, e comece enfim a ter uma vida humana. Evite bajular as pessoas e se irritar com elas, pois as duas coisas são antissociais e provocam danos. No afã da raiva, não se esqueça da verdade a seguir: não há valentia em se deixar levar pela irritação. Há mais valentia na suavidade e na gentileza, pois são mais agradáveis à natureza humana. Quem age de modo suave e gentil mostra força, resiliência e coragem, ao contrário da pessoa que se deixa levar pela raiva e pelo descontentamento, que carece dessas qualidades. Quanto mais a mente humana se liberta das paixões, mais se aproxima da força. A dor e a raiva são sinais de fraqueza. A pessoa que cede à dor e a que cede à raiva, ambas sofrem pela rendição. E aí vai a décima dica, novo presente de Apolo, o líder das Musas. Não espere que pessoas más não façam o mal; é loucura esperar algo impossível. Além disso, é irracional e tirânico supor que vão causar mal aos outros, mas não a você.

19. O intelecto é vítima de quatro pensamentos aberrantes. Quando detectar essas aberrações, delete-as. Em cada ocasião, diga: “Este pensamento... é desnecessário! ...tende a destruir a união social! ...o que estou prestes a verbalizar não é meu! (é o maior absurdo não ter pensamentos próprios)... mostra que sua parte mais divina foi dominada e cedeu à parte menos honrosa e perecível, o corpo, e seus prazeres grosseiros! (esse é o quarto tipo de aberração que merece autocensura – IV.24; II.16).

20. Em você, partes etéreas e partes ígneas se misturam. Por natureza, o fluxo delas é ascendente, mas, em obediência à disposição universal, aqui são dominadas na massa composta (o corpo). Você também

mescla partes terrenas e aquosas, cuja tendência é fluir para baixo, mas se elevam e ocupam uma posição não natural a elas. O que é elementar obedece ao universal. Ao serem fixados, seja onde for, os elementos forçosamente ali permanecem, até que o universal novamente faça soar o sinal para a dissolução. Assim, não é estranho que em você só a parte inteligente desobedeça e fique descontente com o lugar que lhe é apropriada? Entretanto, nenhuma força a constrange, apenas coisas conformes à natureza dela. Mesmo assim, ela resiste e vai na direção oposta. Enveredar-se para os caminhos da injustiça, da intemperança, da raiva, da dor e do medo nada mais é que se desviar da natureza. Ao ficar descontente com algo que acontece, o intelecto também está desertando de seu posto. Foi constituído para a devoção e a reverência aos deuses, não menos do que para a justiça. Afinal, essas qualidades estão abrangidas pelo termo genérico de "contentar-se com a constituição das coisas" e, de fato, são pré-requisitos aos atos de justiça.

21. "Quem não mantém um único e coerente objetivo na vida não pode ser íntegro e coerente no decorrer da vida." Essa frase é incompleta, a menos que isso também seja adicionado: o tipo de objetivo que a pessoa deve ter. As opiniões variam, mas sobre alguns pontos há concordância: nossos objetivos devem levar em conta o bem da sociedade como um todo. Quem se dedicar de corpo e alma a cumprir objetivos assim agirá sempre com coerência e integridade.

22. Lembre-se da fábula do ratinho do campo e do ratinho da cidade, e de como a vida urbana é cheia de sustos e perigos.[vii]

23. Sócrates costumava chamar as opiniões das massas de "lâmias" – bichos-papões que assustam crianças.

24. Em seus espetáculos públicos, os espartanos colocavam assentos à sombra para forasteiros, mas eles próprios se sentavam em qualquer lugar.

25. Sócrates desculpou-se assim por não ter ido fazer uma visita a Pérdicas: "É porque eu não quero perecer com a pior de todas as mortes". Ou seja, receber um favor e depois não ter como retribuir.

26. Nos escritos dos efésios, havia este preceito: pensar constantemente em alguma personalidade antiga que praticava a virtude.

27. Na aurora, os pitagóricos nos convidam a olhar para os céus e lembrar dos astros que de modo contínuo fazem as mesmas coisas e realizam seu trabalho. Lembrar de como são puros e desnudos. Estrelas brilham sem véus.

28. Que tipo de homem Sócrates era? Um dia a mulher dele, Xântipe, saiu com o manto dele, e Sócrates ficou apenas com uma pele. Os amigos dele, ao se depararem com Sócrates vestido assim, se retiraram, envergonhados. O que terá dito Sócrates a eles?

29. Antes de transmitir regras por escrito ou verbalmente, primeiro aprenda a dar o exemplo e obedecê-las. Isso vale para muitas coisas na vida.

30. Quem não tem liberdade de expressão se torna escravo.

31. Riu por dentro o meu coração. *Odisseia*, IX.413.

32. Com palavras duras a virtude será amaldiçoada. Hesíodo, *Trabalhos e dias*, 184.

33. É loucura procurar figos no inverno como também é loucura cuidar de seu filho quando passou da época (Epiteto, III.24, 87).

34. De Epiteto. Ao beijar seu filho, sussurre a si mesmo: "Amanhã talvez você morra". Mas essas palavras são agourentas! "Não, isso não é mau agouro, isso exprime uma obra da natureza. Falar da colheita de trigo é mau presságio?" (Epiteto, III.24, 88).

35. Antes verde, agora madura e depois seca: a uva passa por mudanças não rumo à inexistência, mas rumo a algo que antes não existia (Epiteto, III.24).

36. Do nosso livre-arbítrio ninguém pode nos privar (Epiteto, III.22, 105).

37. Mais de Epiteto. "Descubra a arte de assentir (dar seu consentimento). Cuide para que seus atos sejam coerentes com as circunstâncias e com os interesses sociais, levando em conta o valor das coisas. Fique longe do desejo sexual. Não mostre aversão a nada que escape de nosso poder."

38. O que está em jogo, disse ele, não é algo banal, mas sim estar louco ou não.

39. Sócrates dizia: "Que tipo de almas você quer, almas de pessoas racionais ou irracionais?". "Racionais." "Entre as pessoas racionais, quer as sensatas ou as corruptas?" "As sensatas." "Por que então você está discutindo e brigando?"

LIVRO XII

1. No caminho tortuoso, você tenta fazer muitas conquistas. Chegou a hora de alcançá-las, se você se permitir. Como assim? Simples: não tome conhecimento do passado, confie o futuro à providência e viva no presente com devoção e justiça. Viver com devoção é contentar-se com a sorte que lhe é designada, pois a natureza lhe designou essa sina e vice-versa. Viver com justiça é sempre falar a verdade livremente e sem disfarce. É fazer as coisas em conformidade com a lei e com o valor de cada um. Maldade, opinião, voz, nada pode impedi-lo, nem as sensações da pobre carne que envelopa sua alma; sua parte passiva dá conta disso. Assim, não importa quanto tempo de vida ainda temos, o caminho é respeitar o nosso intelecto e a divindade em nosso âmago, ignorando o restante. Não receie o fato de que um dia vamos deixar de viver. Receie, sim, nunca ter começado a viver de acordo com a natureza. Assim, você será uma pessoa digna do universo do qual você é fruto. Assim, deixará de ser um estrangeiro em sua terra natal. E assim deixará de maravilhar-se com as coisas que acontecem diariamente como se fossem algo inesperado e não mais vai depender disso ou daquilo.

2. Deus vê o intelecto (o princípio que nos comanda) de todos os seres humanos despido de vestes materiais, do invólucro e

das impurezas. Pois é apenas com a parte intelectual que Deus toca a inteligência única que fluiu de si e derivou a esses corpos. Faça isso e se liberte de seus muitos problemas. Pois quem ignora a pobre carne que o envolve certamente não se dá ao trabalho de se preocupar com roupas, moradia, fama, aparência e coisas semelhantes.

3. Três itens nos compõem: um pequeno corpo, um pequeno sopro (a vida) e a inteligência. Destes, os dois primeiros são nossos, na medida em que é nosso dever cuidar deles; mas só o terceiro é algo exclusivo de cada um de nós. Quer viver livre de perturbações? Separe o seu intelecto das fontes de perturbação. Não deixe que tudo o que os outros façam ou digam, e tudo o que você faça ou diga, afete o seu discernimento. Não deixe a sua mente se preocupar com o futuro, com o que pode acontecer. Nem com todas as coisas associadas ao seu corpo e à respiração (vida), as quais estão vinculadas a você, independentemente de sua vontade. Não se deixe tragar no turbilhão desse vórtice circunfluente de coisas externas. Mantenha o seu poder intelectual isento das coisas do destino, para que ele viva puro e livre por si mesmo, fazendo o que é justo, aceitando o que acontece e dizendo a verdade! Separe seu intelecto das coisas que estão ligadas a ele por meio das impressões sensoriais. Separe seu intelecto das coisas do futuro e do passado. Assim você será como a esfera de Empédocles, que "descansa redonda, cercada pela solidão". Concentre-se em viver apenas o que realmente é sua vida, isto é, o presente! Assim, será capaz de passar o restante da sua vida, até o momento de sua morte, livre de perturbações, nobre e obediente ao seu próprio *daimon* (o divino que mora em seu âmago) (II.13, 17; III.5, 6; XI.12).

4. Muitas vezes me pergunto: Se todas as pessoas amam a si mesmas mais do que amam o restante da humanidade, por que dão menos valor à sua própria opinião sobre si mesmas do que à opinião das outras pessoas? Se um dia um deus ou professor sábio mestre se apresentasse diante

de você e lhe ordenasse: "expresse ao mundo o que está pensando e concebendo agora", você aguentaria isso, nem que fosse por um único dia? Temos muito mais respeito pelo que nossos vizinhos pensam e vão pensar de nós do que pelo que pensamos sobre nós mesmos.

5. Os deuses organizaram todas as coisas pelo bem da humanidade, mas se esqueceram disto: por que algumas pessoas muito boas, as quais, digamos assim, comungaram com as divindades e, por meio de atos devotos e religiosos, estabeleceram uma íntima ligação com elas, morrem e se extinguem por completo, para nunca mais existirem? Os deuses poderiam ter feito diferente se quisessem. Se fosse justo e de acordo com a natureza, a natureza levaria em conta essa possibilidade. Mas como não é assim (se de fato não for assim), esteja certo de que não deveria ter sido assim. A prova de que os deuses são excelentes e justos é que organizaram o universo de forma a nada negligenciarem de modo injusto e irracional.

6. Exercite-se até mesmo nas coisas que nunca esperou realizar. Para o destro, a mão canhota é, por falta de prática, ineficaz para tudo, mas segura as rédeas com mais vigor do que a mão direita, porque foi exercitada nisso.

7. Avalie em que condição, no corpo e na alma, uma pessoa deve estar quando é surpreendida pela morte. Avalie a brevidade da vida, o abismo ilimitado do tempo passado e futuro, a fragilidade de toda a matéria.

8. Contemple os princípios formativos (formatos) das coisas despidos de seus invólucros; os propósitos das ações; analise em que consiste dor, prazer, morte e fama. Analise qual é causa de sua inquietação e lembre-se de que nenhuma pessoa pode tolher a outra: tudo não passa de opinião.

9. Na aplicação de seus princípios, não seja como o gladiador, mas sim como o praticante do pancrácio. O gladiador deixa cair a espada e é trespassado; mas o lutador sempre tem as mãos e só precisa usá-las.

10. Perceba o que está intrínseco nas coisas e divida-as em matéria, forma e propósito.

11. O ser humano tem o poder de só fazer o que Deus aprova e de aceitar tudo o que Deus concede.

12. Se algo acontece de acordo com a natureza, a culpa não é dos deuses: nada que eles fazem é errado, nem por gosto ou sem querer. A culpa também não é dos seres humanos: se eles fazem algo de errado é sem querer. Assim, não devemos culpar ninguém (II.11, 12, 13; VII.62; VIII.17, 18).

13. Como é patética e bizarra a pessoa que se surpreende com qualquer coisa que acontece na vida.

14. O que existe? Destino necessário e disposição invencível? Benévola providência? Ou mixórdia acéfala e sem objetivo (IV.27)? Se o destino é invencível, por que resistir? Se a providência é benévola, seja digno da ajuda divina. Mas, se o que temos é a mixórdia acéfala, contente-se que nesse turbilhão a inteligência comande seu âmago. E, mesmo que o vórtice o carregue, que carregue apenas a pobre carne, o pobre sopro e tudo assim. Que pelo menos a inteligência não seja levada embora.

15. A luz do lampião reluz sem perder seu esplendor até se apagar. Assim, não deixe que a verdade, a justiça e a temperança em você se extingam (antes da sua morte).

16. Aparentemente uma pessoa cometeu uma iniquidade. Como saber se o ato dela foi iníquo? E, se ela fez mesmo algo iníquo, não se autocondenou ao fazer isso? Ser iníquo é como arrancar o próprio rosto. A pessoa má necessariamente há de fazer o mal. Quem não entende isso não entende que a figueira dá suco nos figos. Que o bebê chora e que o cavalo relincha. A pessoa com o caráter iníquo, o que há de fazer? Não se irrite então: em vez disso, tente curar a propensão dessa pessoa.

17. Se uma coisa não for correta, não a faça! Se algo não for verdade, não o diga. A iniciativa está sob nosso controle.

18. Ao ter uma impressão, sempre se pergunte o que a causou. Identificada a causa, divida-a em forma, matéria e propósito, bem como no tempo que ela vai durar.

19. Enfim reconheça que em seu âmago você tem algo melhor e mais divino do que as coisas que lhe provocam as várias reações e o manipulam como se você fosse uma marionete. O que está passando agora pela minha mente? É medo, suspeita, desejo ou algo parecido (V.11)?

20. Primeiro, nunca faça nada sem planejamento e sem objetivo. Segundo, realize seus atos com um só intuito: o bem social.

21. Em pouco tempo, você não será ninguém e não estará em lugar algum. As coisas que você está vendo agora não existirão. E o mesmo vale para as pessoas com quem você agora convive. Essa é a natureza de todas as coisas: mudar, transformar-se e perecer, para que, em sucessão contínua, outras coisas possam existir (IX.28).

22. Tenha em mente que tudo é opinião, e a opinião está em seu poder. Descarte a sua opinião e encontre a calma, como o veleiro que dobra o promontório e entra no mar liso e sem ondas da baía.

23. Seja lá qual for a atividade, se ela cessar em seu devido tempo, isso não é uma desgraça. E a pessoa que fez cessar a atividade não sofre uma desgraça. Igualmente, o cessar desse conjunto de atos que é a nossa vida, se ocorrer em seu devido tempo, não se configura uma desgraça. E a pessoa que decide terminar esse conjunto na hora adequada também não causa e não sofre uma desgraça. Mas é a natureza que determina o tempo e o limite certos. Às vezes, a própria natureza humana, quando a pessoa morre de velha. O universo inteiro muda suas partes para

sempre permanecer jovem e perfeito. Isso faz parte de sua natureza eterna. Tudo que é proveitoso ao universo é sempre bom e oportuno! Portanto, o fim de cada vida humana não é uma desgraça e também não é uma vergonha. Independe de nossa vontade e não se opõe ao interesse geral. É bom porque é oportuno, congruente e útil para o universo. Divina é a pessoa que se envereda pelo mesmo caminho dos deuses e adota os objetivos divinos.

24. Tenha em mente três diretrizes. 1ª) Em todas as ações aja sempre como a própria Justiça agiria e não cometa atos levianos. Quanto às coisas externas, elas acontecem ao acaso ou por conta da providência. E não devemos acusar o acaso nem a providência. 2ª) Analise o que todos nós somos, desde a fecundação até o momento em que recebemos a alma, e desde a recepção da alma até a devolvermos. Analise quais elementos nos compõem e em quais nos dissolvemos. 3ª) Se de súbito nos elevarmos acima da terra, do alto observamos as coisas humanas e a enorme variedade delas. Ao mesmo tempo, de relance, vemos quão vasto é o número de seres que habita toda parte, no ar e no éter. Não importa quantas vezes fôssemos alçados a essa posição, a paisagem nunca mudaria: veríamos sempre as mesmíssimas e fugazes coisas. Vale a pena sentirmos orgulho delas?

25. Jogue fora a opinião e salve-se. O que o impede de a jogar fora?

26. Algo está preocupando você? Talvez tenha se esquecido de algumas coisinhas: a) tudo acontece de acordo com a natureza universal; b) se uma pessoa dá um passo em falso, isso é problema dela; c) tudo o que acontece hoje em todos os lugares aconteceu ontem e acontecerá amanhã; d) existe um íntimo parentesco entre cada pessoa e toda a espécie humana: somos uma comunidade, feitos não só de um pouco de sangue ou sementes, mas de inteligência; e) a inteligência de cada pessoa é um efluxo das divindades; f) nada pertence ao ser humano;

seu filho, seu corpo e sua própria alma vieram dos deuses; g) tudo é opinião; e, enfim, h) vivemos apenas no momento atual e é só esta vida que vamos perder.

27. Não se esqueça nunca das pessoas que reclamam demais por coisas ínfimas, das que ganharam visibilidade por fama, boa sorte, inimizades ou infortúnios de qualquer tipo: O que viraram hoje? Fumaça, cinzas, uma narrativa – ou nem mesmo isso. Lembre-se de casos parecidos, como Fábio Catulino na casa de campo; Lúcio Lupo nos jardins; Estertínio em Baia; Tibério em Capri; e Rufo no sopé do monte Vélia.[38] Pense também na ávida busca de qualquer coisa associada ao orgulho; e o quão inútil é tudo aquilo pelo qual as pessoas tanto se esforçam. Não é mais filosófico, diante das oportunidades que se nos apresentam, nos mostrarmos justos, moderados e obedientes aos deuses? E façamos isso com toda a simplicidade: pois o orgulho que se orgulha de sua ânsia de orgulho é o mais intolerável de todos.

28. Aos que perguntam: "Onde você viu os deuses, ou como você entende que existem e assim os adora? Respondo: em primeiro lugar, podem ser vistos até mesmo com os olhos;[viii] segundo, nunca vi nem a minha própria alma, e mesmo assim não deixo de honrá-la. Constantemente experimento o poder dos deuses, por isso compreendo que eles existem e os venero.

29. A segurança da vida é examinar tudo a fundo. Em que as coisas consistem, de que são feitas, qual sua forma? E, do fundo da alma, agir com justiça e falar a verdade. O que nos resta, exceto aproveitar a vida juntando uma coisa boa à outra sem deixar nem os mínimos intervalos entre elas?

---

[38] Baia: balneário que funcionava como a "Las Vegas do Império Romano" – situava-se a 30 km de Nápoles; Capri: Ilha no Golfo de Nápoles onde existe uma estátua do imperador Tibério, que frequentava a ilha; Vélia, monte nas imediações de Roma. (N. do T.)

30. Muros, montes e uma infinitude de coisas tapam a luz de um sol apenas. Entre inúmeros corpos se distribuem as múltiplas qualidades de uma só substância comum. Entre infinitas naturezas e indivíduos se distribui uma só alma. Existe uma alma inteligente que parece dividida. Ora, todas as outras partes, que mencionamos e consistem em ar e matéria, não têm sensações, nem fraternidade; entretanto, até mesmo essas partes gravitam juntas por ação do princípio inteligente. De modo peculiar, o intelecto tende ao que com ele se assemelha e com ele combina: assim, o sentimento de comunhão não se interrompe.

31. Quer continuar a existir? Quer sentir, se mexer, crescer? Quer parar de crescer, falar e pensar? Acha que nisso há algo digno de ser desejado? Se acha fácil atribuir pouco valor a isso, concentre-se no que resta: ouvir a voz da razão e dos deuses. Mas é incoerente honrarmos a razão e os deuses e nos perturbarmos porque a morte vai nos privar disso.

32. Do tempo ilimitado e insondável, a parcela diminuta que nos é atribuída é logo engolida pela eternidade! De toda a substância somos uma parte ínfima; da alma universal, uma parte irrisória; e da terra inteira só rastejamos sobre um pequenino torrão! Reflita sobre isso e conclua: grande mesmo não há nada, exceto agir conforme a nossa natureza e suportar o que a natureza comum nos traz.

33. Como o intelecto faz uso de si mesmo? Nisso reside a essência de tudo. O restante, quer dependa ou não de nossa vontade, não passa de cinzas inertes e fumaça.

34. Para desprezarmos a morte, eis a reflexão mais adequada: a morte é desprezada até mesmo por sibaritas que buscam o prazer e fogem da dor.

35. A morte não é algo terrível para quem sabe que tudo tem sua estação certa. E para quem ouve a razão, mas não fica contando o número de ações que fez seguindo a razão certa. E para quem

não faz diferença contemplar o mundo por mais ou menos tempo (II.7; VI.23; X.20; XII.23).

36. Você exerce a cidadania nessa grande comunidade (o mundo). Que diferença faz se por cinco anos ou mais? O que está em conformidade com as leis é justo para todos. Onde está a dificuldade, então? Não é um tirano nem um juiz injusto que vai expulsar você da comunidade, mas a própria natureza que lhe trouxe a ela. A pessoa que contrata o ator tem o direito de dispensá-lo? "Mas só terminei três dos cinco atos." Certo, mas o drama da vida se encerra em três. Quem define o fim da peça um dia foi a força motriz de sua composição; agora, é a força motriz de sua dissolução. Você não é a força matriz nem desta, nem daquela. Então parta com a mesma satisfação de quem está deixando você partir.

A FILOSOFIA DE MARCO AURÉLIO

É comum escutar que a filosofia estoica só mostrou seu verdadeiro valor pela primeira vez quando passou da Grécia para Roma. As doutrinas de Zenão e seus sucessores eram bem adequadas à gravidade e ao pragmatismo dos romanos. Até mesmo no período republicano, temos o exemplo de Catão, o Jovem,[39] que viveu como estoico e morreu de modo coerente com as opiniões que defendia. Conta-nos Cícero que Catão, o Jovem, abraçou a filosofia estoica por convicção; não com o propósito de discussões vãs, como a maioria fazia, mas para fazer sua vida entrar em conformidade com os preceitos estoicos. Nos tempos sofridos entre a morte de Augusto e o assassinato de

[39] Marco Pórcio Catão Uticense, 95–46 a. C. (N. do T.)

Domiciano, só a filosofia estoica era capaz de apoiar os seguidores da antiga religião, em meio à tirania imperial e à corrupção universal. Já nessa época existiam espíritos nobres que ousavam e perseveravam, sustentados por uma boa consciência e uma ideia elevada sobre os propósitos da existência humana. Podemos citar Trásea Peto,[40] Helvídio Prisco,[41] Lúcio Aneu Cornuto,[42] Caio Musônio Rufo,[43] bem como os poetas Pérsio[44] e Juvenal, cuja linguagem enérgica e pensamentos viris são tão instrutivos hoje quanto foram a seus contemporâneos. Pérsio morreu sob o reinado sangrento de Nero; mas Juvenal[45] teve a sorte de sobreviver ao tirano Domiciano e ver os tempos melhores de Nerva, Trajano e Adriano. Fixou seus melhores preceitos, derivados da escola estoica, em pulsantes versos no vigor incomparável da língua latina.

Mais tarde, os dois melhores divulgadores da filosofia estoica foram um escravo grego e um imperador romano. Epiteto, grego da Frígia, chegou a Roma não se sabe como. Sabemos que foi escravo de um indigno senhor chamado Epafrodito, até o dia em que Epiteto se tornou liberto. Como outros grandes mestres, não deixou nada escrito. Devemos a seu dedicado aluno Arriano o que temos dos discursos de Epiteto. Arriano escreveu oito livros com os discursos de Epiteto; sobraram na íntegra quatro e alguns fragmentos. Também publicou o compacto *Enquirídio* – manual com os principais preceitos – de Epiteto. Simplício, que viveu na época do imperador Justiniano, fez um valioso comentário sobre o *Enquirídio*.

---

40 Públio Clódio Trásea Peto, senador romano falecido em 66 d.C. (N. do T.)

41 Helvídio Prisco, filósofo e estadista estoico, opositor de Vespasiano. (N. do T.)

42 Lúcio Aneu Cornuto, após ser liberto por Sêneca da escravidão, abriu uma escola que lecionava a doutrina estoica. Faleceu em 65 d.C. (N. do T.)

43 Caio Musônio Rufo (25 d.C. - 95 d.C.), filósofo cujo discípulo Epiteto foi um grande divulgador do estoicismo. (N. do T.)

44 Aulo Pérsio Flaco (34 d.C. - 62 d.C.). Seus escritos satíricos foram publicados postumamente pelo amigo Lúcio Aneu Cornuto.

45 Décimo Júnio Juvenal viveu no primeiro (nasceu por volta do ano 55) e segundo séculos (morreu depois do ano 127 d.C.) e tem como principal obra *Sátiras*. (N. do T.)

Marco Aurélio, no Livro I das *Meditações* (I.7), mostra gratidão e seu débito para com seus professores, além de dizer que foi instruído por Júnio Rústico com os discursos de Epiteto, a quem menciona também em outras passagens (IV.41; XI.34, 36). De fato, as doutrinas de Epiteto e Marco Aurélio são as mesmas, e Epiteto é a melhor autoridade para explicar a linguagem filosófica de Marco Aurélio e expor suas opiniões. Porém o método dos dois filósofos é totalmente diferente. Epiteto dirigia-se a seus ouvintes numa fala contínua, em estilo familiar e simples. Marco Aurélio escrevia suas reflexões só para uso próprio, em parágrafos curtos e desconexos, muitas vezes obscuros.[ix]

Há falta de arranjo do original e de conexão entre os inúmeros parágrafos, corruptelas do texto, obscuridade da linguagem e do estilo e, às vezes, talvez confusão nas próprias ideias do escritor – além de tudo isso, de vez em quando transparecem contradições nos pensamentos do imperador, como se seus princípios fossem incertos, como se a dúvida enuviasse seu cérebro. Uma pessoa que leva uma vida de tranquilidade e reflexão, sem ser perturbado em casa e sem se intrometer nos assuntos do mundo, consegue manter seu intelecto à vontade e seus pensamentos em curso uniforme. Mas essa pessoa nunca foi colocada à prova. Toda a sua filosofia ética e sua virtude passiva se tornariam palavras vãs se fossem expostas à brutal realidade da existência humana. Boas meditações e dissertações morais de pessoas que não trabalharam e sofreram podem ser lidas, mas serão esquecidas. Nenhuma religião, nenhuma filosofia ética vale nada se o professor não viveu a "vida de um apóstolo" e esteve pronto para morrer "a morte de um mártir". "Onde reside o mal e o bem, o vício e a virtude? Na passividade? Não: na atividade!" (IX.16). O imperador Marco Aurélio era um moralista prático. Desde jovem foi adepto de uma disciplina laboriosa e, embora sua alta posição o colocasse acima de todos os medos e necessidades, viveu com tanta modéstia e parcimônia quanto o mais pobre dos filósofos. Epiteto pouco queria, e parece que sempre teve o pouco que quis e se contentou com isso, como também havia se contentado com a condição servil. Mas Marco Aurélio após ascender ao trono não se aquietou no assento. Sua missão era administrar um império que se estendia do Eufrates ao Atlântico, das gélidas montanhas da Escócia às tépidas areias da África. Não as conhecemos por meio da experiência, mas podemos imaginar as provações, as atribulações, as ansiedades e as tristezas da pessoa que tem em suas mãos os negócios do mundo e a ânsia de fazer o bem, mas a certeza de que só pode fazer muito pouco.

Enfrentando guerras, pestilências, conspirações e forças da corrupção, com o peso de um império sobre os ombros, é fácil entender que Marco Aurélio muitas vezes precisou de toda a sua fibra para resistir. As pessoas melhores e mais corajosas têm momentos de dúvidas e de fraquezas; mas, se forem as melhores e as mais corajosas, elas conseguem se reerguer após o tombo. Basta recorrer aos princípios iniciais, como faz Marco Aurélio. Vaticina o imperador que a vida é fumaça, um vapor, e São Tiago em sua epístola é de igual opinião: o mundo está repleto de pessoas invejosas, ciumentas e maledicentes, e podemos sair desse mundo com alegria. Às vezes, sente-se em dúvida, até mesmo em relação ao que se apega com mais firmeza. Os (poucos) trechos desse tipo servem como provas das lutas que até mesmo o mais nobre dos filhos dos homens foi obrigado a manter contra as duras realidades de sua vida cotidiana. Certa vez li este comentário infeliz e depreciativo: as reflexões do imperador mostram o quanto ele precisou de consolo e conforto na vida e até mesmo de preparo para enfrentar a morte. É fato que ele realmente precisou de conforto e apoio, e percebemos de que modo ele os encontrou. Recorre constantemente ao seu princípio fundamental de que o universo é sabiamente organizado, que todo mundo faz parte dele e deve entrar em conformidade com essa organização. Tudo que a Divindade faz é bom. Laços fraternos unem a humanidade; devemos nos amar e nos valorizar, tentar melhorar e fazer o outro melhor, mesmo quem nos faria mal. Em II.17, ele conclui: "O que então é capaz de conduzir uma pessoa? Só uma coisa: a filosofia. Mas isso consiste em manter o *daimon* dentro de nós livre de violência e ileso, superior a dores e prazeres; em não fazer nada sem um objetivo que não seja falso nem hipócrita; em não sentir a necessidade de outra pessoa fazer ou não fazer algo; e, além disso, em aceitar tudo o que acontece e tudo o que nos é atribuído, como vindo de lá, de onde quer que seja, de onde nós próprios viemos. E, por fim, esperar a morte com a mente alegre, como simples dissolução dos elementos de que todo ser vivo é composto. Mas, se não há dano aos próprios elementos quando cada um se transmuta continuamente em outro, por que uma pessoa deve sentir alguma apreensão relativa à mudança e à dissolução de todos os elementos? Pois isso está de acordo com a natureza, e se está de acordo com a natureza não é mau".

A Física de Marco Aurélio é conhecer a Natureza do Universo, das leis que o governam, e a relação disso tudo com a natureza humana. O universo (VI.1) é "a substância universal" comandada pela "razão". Também (VI.9) usa os termos "natureza universal" ou "natureza do universo". Chama (V.25) o universo de "tudo que surge no Cosmos [ou Ordem], aquilo que é um e todos". Se alguma vez parece usar esses termos gerais como significativos do Todo, de tudo aquilo que o ser humano de alguma forma concebeu existir, ainda em outras ocasiões distingue claramente entre Matéria, Coisas Materiais, Causa, Origem e Razão. Isso se coaduna com a doutrina de Zenão de que existem dois princípios originais em todas as coisas, o que exerce a ação e o que recebe a ação. O que recebe a ação é a matéria informe: o que exerce a ação é a razão. Deus, que é eterno, atua em toda a matéria e produz todas as coisas. Assim, Marco Aurélio (V.32) fala do intelecto que permeia toda substância, e ao longo dos tempos, por períodos fixos (revoluções), governa o universo. Deus é eterno, e a Matéria é eterna. Deus dá forma à matéria, mas não foi Ele quem criou a matéria. Conforme essa visão, que remete a Anaxágoras, Deus e a matéria existem de modo independente, mas é Deus quem governa a matéria. Essa doutrina expressa simplesmente a existência da matéria e de Deus. A questão insolúvel sobre a origem e a natureza da matéria não causou perplexidade aos estoicos. Marco Aurélio também supõe um começo das coisas, como hoje o conhecemos; às vezes, porém, sua linguagem é bem obscura.

A matéria consiste em partes elementares das quais todos os objetos materiais são feitos. Mas nada é permanente na forma. Segundo expressa Marco Aurélio (IV.36), o que a natureza universal "mais ama é mudar as coisas existentes e delas fazer coisas novas. De certa forma, tudo o que existe hoje é uma semente do que existirá no futuro. Mas não pense só nas sementes lançadas ao solo e ao útero: essa é uma noção vulgar demais". Assim, o fluxo e a mudança são constantes: algumas coisas se dissolvem em elementos, outras surgem em seus lugares. Por isso, "o universo inteiro muda suas partes para sempre permanecer jovem e perfeito".

Quando analisamos os movimentos planetários, a ação do que chamamos de "gravidade", a combinação elementar de corpos não organizados e sua resolução, a produção de plantas e de corpos vivos, sua geração, crescimento e sua dissolução, que chamamos de "morte", observamos uma sequência rotineira de fenômenos, que no âmbito dos limites da experiência presente e passada, na medida em que conhecemos o passado, é fixa e invariável. Mas, se não for assim, se a ordem e a sequência dos fenômenos, como os conhecemos, estão sujeitas a mudanças no curso de uma progressão infinita – e tais mudanças são concebíveis – não descobrimos, nem jamais descobriremos, toda a ordem e sequência dos fenômenos, em cuja sequência pode estar envolvida, de acordo com sua própria natureza, ou seja de acordo com sua ordem fixa, alguma variação do que hoje chamamos de Ordem ou Natureza das Coisas. Também é concebível que essas mudanças tenham ocorrido – mudanças na ordem das coisas, como a imperfeição da linguagem nos compele a chamá-las, mas que não são mudanças.

Além disso, é certo que nossos conhecimentos sobre a verdadeira sequência de todos os fenômenos reais, como os fenômenos de geração, crescimento e dissolução, são e sempre deverão ser imperfeitos.

A situação não melhora muito quando falamos em Causas e Efeitos em vez de falar na Natureza. Para os fins práticos da vida, aplicamos convenientemente os termos causa e efeito e lhes atribuímos um significado distinto, distinto o suficiente, ao menos, para evitar quaisquer mal-entendidos. Mas é diferente falar em causas e efeitos e nas Coisas. Tudo o que conhecemos são fenômenos, como os gregos os chamavam, ou aparências que se sucedem em uma ordem frequente, como a concebemos. Assim, se um fenômeno não ocorre na série, concebemos que houve uma interrupção, ou que outra coisa vai surgir no lugar do fenômeno que não apareceu, para ocupar o lugar vago, modificando parcial ou completamente a progressão da série. Causa e efeito, então, nada significam na sequência dos fenômenos naturais além do que eu disse; e a causa real, ou a causa transcendente, como alguns a chamariam, de cada fenômeno sucessivo reside na causa de todas as coisas que existem, existiram e existirão para sempre. Assim, a palavra Criação adquire um sentido real se a considerarmos a primeira, se conseguirmos conceber uma primeira, na ordem atual dos fenômenos naturais. Porém, no sentido vulgar, a criação de todas as coisas em determinado momento, seguida pela quiescência da causa inicial e pelo abandono de todas as sequências de fenômenos às leis da natureza, ou de outras palavras que as pessoas possam usar, é um completo absurdo.

O ser humano, consciente de que é um poder espiritual ou um poder intelectual, ou de ter esses poderes da maneira que imagina tê-los – pois eu desejo apenas declarar um fato –, a partir desse poder que ele tem em si mesmo, ele é levado, como diz Marco Aurélio, a acreditar que existe um poder maior, que, como nos dizem os velhos estoicos, permeia todo o universo como o intelecto permeia o homem.

Então Deus existe! Mas o que sabemos sobre a sua natureza? Marco Aurélio afirma que a alma do homem é um efluxo da divindade. Como os animais, nós temos corpos, mas, como os deuses, temos razão e inteligência. Os animais têm vida e o que chamamos de "instintos" ou "princípios naturais de ação": mas só o ser humano animal-racional tem uma alma racional e inteligente. Marco Aurélio bate na tecla: Deus está no ser humano, por isso devemos prestar atenção constantemente à divindade dentro de nós, pois só assim teremos algum conhecimento sobre a natureza de Deus. A alma humana é, em certo sentido, uma porção da divindade, e só a alma se comunica com a Deidade. Ele menciona (XII.2): "Pois é apenas com sua parte intelectual que Deus toca a inteligência única que fluiu de si mesmo e derivou a esses corpos". Na verdade, ele afirma: o que está escondido no ser humano é a vida, que é o próprio ser humano. Todo o restante é vestimenta, cobertura, órgãos, instrumentos, que o ser humano vivo, o ser humano, usa para fins de sua existência presente. O ar é universalmente difundido para quem é capaz de respirar. Assim é o poder inteligente. O poder inteligente contém em si todas as coisas. Basta querer compartilhar dele, pois é tão amplamente difundido e livre quanto o ar (VIII.54). Viva uma vida divina! Assim nos aproximamos do conhecimento da divindade. Seguindo a divindade interior, como Marco Aurélio a chama, o ser humano se aproxima da Divindade, o bem supremo; pois o ser humano nunca entra em acordo perfeito com seu guia interno. "Viva com os deuses. E quem vive com os deuses constantemente lhes mostra que sua própria alma está satisfeita com o que lhe é designado, e que faz tudo conforme os desejos do *daimon*, ou seja, a parte de Zeus conferida a cada ser humano como seu guardião e guia. É isso que nos insufla a razão e o discernimento (V.27).

No ser humano (na razão) existe a inteligência, uma faculdade superior que, se exercida, comanda todo o restante. O ser humano deve reverenciar apenas suas faculdades de raciocínio e a divindade dentro dele. Assim como devemos reverenciar o que é supremo no universo, devemos reverenciar o que é supremo em nós mesmos; o que há de supremo em nós é nosso intelecto, semelhante ao que há de supremo no universo (V.21).

Marco Aurélio fala da autocondenação de um ser humano quando a parte divina dele é dominada e cede à parte menos honrosa e perecível: o corpo e seus prazeres brutais.

Marco Aurélio não via Deus e o universo material como a mesma coisa, assim como não via o corpo e a alma do ser humano como um só. Marco Aurélio não fica especulando sobre a natureza absoluta da Divindade. Não era seu costume perder tempo com aquilo que somos incapazes de entender. A ele basta saber que Deus existe, que governa todas as coisas, que nós, seres humanos, só temos conhecimentos imperfeitos sobre a natureza de Deus, e que devemos cultivar esses conhecimentos imperfeitos, reverenciando a divindade que está dentro de nós e a mantendo purificada.

De tudo o que foi dito, conclui-se que o universo é administrado pela Providência de Deus e que todas as coisas são ordenadas com sabedoria. Há passagens em que Marco Aurélio expressa dúvidas ou afirma diferentes teorias possíveis da constituição e do governo do universo; mas sempre recorre ao seu princípio fundamental: se admitimos a existência de uma divindade, devemos também admitir que ela ordena todas as coisas com sabedoria e bondade (IV.27; VI.1; IX.28; XII.5).

Mas, se todas as coisas são ordenadas com sabedoria, como o mundo está tão repleto do que consideramos males físicos e morais? Se em vez de falar que há mal no mundo, usarmos a expressão que usei, "o que chamamos de mal", antecipamos em parte a resposta do imperador. Vemos, sentimos e conhecemos imperfeitamente raríssimas coisas nos poucos anos em que vivemos, e todos os conhecimentos e todas as experiências da espécie humana resultam na ignorância positiva do todo, que é infinito. A nossa razão nos ensina que tudo se relaciona e se interconecta com todas as outras coisas; a noção de que todo mal está no universo das coisas é uma contradição. Afinal, se o todo provém e é governado por um ser inteligente, é impossível conceber qualquer tendência nele ao mal ou à destruição do todo (VII.55; X.6).

Tudo está em constante mutação, mas o todo subsiste. Imagine o Sistema Solar decupado em suas partes elementares; mesmo assim, o todo subsistiria "sempre jovem e perfeito".

Todas as coisas, todas as formas se dissolvem para surgirem novas formas. A mudança que chamamos de "morte", todas as coisas vivas sofrem. Dizer que a morte é um mal é dizer que toda mudança é um mal. Os seres vivos também sofrem dor, e o ser humano é o que mais sofre, porque sofre tanto com seu corpo quanto com sua parte inteligente. As pessoas também sofrem umas com as outras, e talvez a maior parte do sofrimento humano venha de quem chamamos de "irmãos". Segundo Marco Aurélio (VIII.55): "Em geral, a perversidade não causa danos ao universo; e uma perversidade específica não prejudica a vítima, só quem a comete. E quem a comete tem o poder de se libertar dela; basta escolher". A primeira parte disso é perfeitamente consistente com a doutrina de que o todo é incapaz de sustentar males ou danos. A segunda parte deve ser explicada pelo princípio estoico de que não há mal em nada que escape de nosso poder. O mal que sofremos de outrem pertence ao malfeitor, não a nós. Mas isso é admitir que existe um tipo de mal, pois quem comete perversidades faz o mal, e, mesmo que outros suportem o mal, ainda há mal no malfeitor.

Marco Aurélio (XI.18) dá muitos preceitos excelentes com respeito a males e injúrias, e seus preceitos são práticos. Ele nos ensina a suportar o que não podemos evitar, e suas lições podem ser úteis tanto para quem nega a existência e o governo de Deus quanto para quem crê em ambos. Em Marco Aurélio não há resposta direta às objeções que podem ser feitas à existência e à providência de Deus por causa da desordem moral e do sofrimento que há no mundo, exceto essa resposta que ele dá em resposta à suposição de que até mesmo as melhores pessoas podem ser extintas pela morte. Ele afirma que é assim mesmo, e podemos estar certos de que, se fosse de outra forma, os deuses teriam ordenado de outra forma (XII.5). Sua convicção sobre a sabedoria que observamos no governo do mundo é forte demais para ser abalada por qualquer aparente irregularidade na ordem das coisas. Essas desordens existem; isso é um fato. Mas concluir com base nisso contra a existência e o governo de Deus é concluir apressadamente. Todos nós admitimos que existe uma ordem no mundo material, uma composição, um sistema, uma inter-relação das partes e uma adequação do todo com a parte. Assim, na composição dos vegetais e dos animais existe uma ordem, uma adequação a uma finalidade. Às vezes, a ordem, como a concebemos, é interrompida; e a finalidade, como a concebemos, não é alcançada. A semente, a planta ou o animal às vezes perecem antes de ter passado por todas as suas mudanças e concretizado todos os seus usos. Cabe à Natureza fixar quem morrerá cedo e quem cumprirá todos os seus usos e deixará sucessores para substituí-los. Assim, o ser humano tem uma constituição corpórea, intelectual e moral adequada a certos usos, e em geral a pessoa realiza esses usos, morre e deixa outras pessoas em seu lugar. Assim, a sociedade existe, e um estado social é manifestamente o estado natural humano – o estado para o qual sua natureza o adapta, e a sociedade ainda subsiste em meio a inúmeras irregularidades e desordens; e talvez possamos dizer que a história do passado e nossos conhecimentos presentes nos dão uma esperança razoável de que suas desordens diminuam e que essa ordem, seu princípio governante, possa ser restabelecida com mais firmeza. Já que a ordem – uma ordem fixa, podemos dizer, sujeita a desvios reais ou aparentes – deve ser admitida em toda a natureza das coisas, o que chamamos de "desordem" ou "mal", como nos parece, de modo algum altera o fato da composição geral das coisas de natureza ou ordem fixa. A desordem existe, mas isso não nos autoriza a concluir que a ordem não é a regra, pois a existência da ordem tanto física quanto moral é comprovada pela experiência cotidiana e por toda a experiência passada. Não conseguimos conceber como a ordem do universo é mantida: sequer concebemos como segue a nossa própria vida cotidiana, nem como realizamos os mais singelos movimentos corporais, nem como crescemos, pensamos e agimos, embora saibamos muitas das condições necessárias para todas essas funções. Assim, sem saber nada sobre o poder invisível que atua em nós, exceto pelo que é feito, nada sabemos do poder que atua naquilo que chamamos de "tempo" e de "espaço" integrais. Porém, visto que há uma natureza ou ordem fixa em todas as coisas conhecidas por nós, está de acordo com a natureza de nossas mentes acreditar que essa natureza universal tem uma causa que opera sempre, e que somos totalmente incapazes de especular sobre a razão de qualquer um desses males ou desordens que percebemos. Acredito que essa é a resposta que podemos absorver de tudo o que Marco Aurélio disse.

A origem do mal é uma questão antiga. Aquiles diz a Príamo que Zeus tem dois barris, um cheio de coisas boas e outro com coisas ruins, e o quanto ele dá às pessoas de cada barril depende de seu bel-prazer; por isso, devemos nos contentar em não alterar a vontade de Zeus. Um dos comentadores gregos pergunta como devemos conciliar essa doutrina com o que encontramos no primeiro livro da Odisseia, onde o rei dos deuses diz: "Os homens dizem que o mal vem de nós, mas atraem o mal sobre si com sua própria loucura". A resposta é bastante clara até mesmo para o comentarista grego. Os poetas fazem Aquiles e Zeus falar adequadamente com seus vários personagens. De fato, Zeus diz claramente que os seres humanos atribuem seus sofrimentos aos deuses, mas é uma alegação falsa, pois somos a causa de nossas próprias dores.

Epiteto em seu *Enquirídio* resume a questão do mal: "Assim como uma marca não é colocada com o propósito de passar despercebida, também a natureza do mal não existe no universo". Isso parecerá obscuro o suficiente para quem não conhece Epiteto, mas ele sempre sabe do que está falando. Não criamos uma marca para deixar de notá-la, embora possamos deixar. Deus, cuja existência Epiteto assume, não organizou todas as coisas para malograr seus propósitos. Segundo Epiteto, não importa o que chamamos de "mal", a natureza do mal não existe; isto é, o mal não faz parte da composição ou da natureza das coisas. Se houvesse um princípio do mal na composição das coisas, o mal deixaria de ser o mal, como argumenta Simplício, mas o mal se tornaria o bem.

Para concluir, este excerto traz tudo o que o imperador poderia dizer sobre esse tópico: "Mas se afastar do seio dos seres humanos, se houver deuses, não é algo a temer, pois os deuses não nos envolverão no mal; mas se de fato não existem ou não se preocupam com assuntos humanos, de que vale viver num universo sem deuses ou sem providência? Mas na realidade eles existem e se importam com as coisas humanas. Além do mais, colocaram a nosso alcance todos os meios para nos capacitar a não soçobrar diante dos verdadeiros males. Se houver um mal em nosso caminho, teriam providenciado para que estivesse em nossa capacidade não o experimentar. Mas, se algo não torna uma pessoa pior, como é que isso vai piorar a vida dela? É impossível que a natureza do universo tenha negligenciado isso, seja por ignorância, seja por ter conhecimento e ser incapaz de evitar ou corrigir essas coisas; é impossível que tenha cometido um erro tão grande, por incapacidade ou inépcia, o erro de deixar que bem e mal aconteçam indiscriminadamente aos bons e aos maus. Mas, sem dúvida, morte e vida, honra e desonra, dor e prazer, todas essas coisas acontecem igualmente a pessoas boas e más; são coisas que não nos tornam melhores nem piores. Portanto, não são nem boas nem más."

A parte ética da filosofia de Marco Aurélio decorre de seus princípios gerais. A meta de toda a sua filosofia é viver em conformidade com a Natureza, tanto com a própria natureza humana quanto com a natureza do universo. O bispo Butler[46] explicou o que os filósofos

[46] Joseph Butler (1692-1752). A Universidade de Stanford (https://plato.stanford.edu/entries/butler-moral/) traz uma análise sobre a obra do bispo/filósofo. (N. do T.)

gregos queriam dizer quando falavam em "viver de acordo com a natureza", e ele diz que, quando é explicado, como ele explicou e como eles entenderam, é "falar de um jeito que não é frouxo e vago, mas sim claro e distinto, estritamente justo e verdadeiro". Viver de acordo com a Natureza é viver de acordo com a natureza da pessoa como um todo, e não de acordo com uma parte dela, e reverenciar a divindade dentro da pessoa como a parte que governa todas as suas ações. "Para o animal racional, o mesmo ato está de acordo com a natureza e de acordo com a razão." O que contraria a razão também contraria a natureza, toda a natureza, mas com certeza está em conformidade com alguma parte da natureza humana, ou não poderia ser feito. O ser humano foi feito para agir, e não para a ociosidade ou prazer. Assim como plantas e animais seguem a própria natureza, o ser humano deve seguir a sua (V.1).

Também devemos viver conforme a natureza universal, conforme a natureza de todas as coisas às quais pertencemos; e como cidadãos de uma comunidade política devemos referenciar nossas vidas e seus atos com base naqueles entre os quais e para quem, entre outros propósitos, vivemos. Um ser humano não deve se retirar na solidão e se isolar de seus semelhantes. Deve estar sempre ativo para fazer sua parte no grande todo. Todos os seres humanos são seus parentes não só no sangue, mas ainda mais por participarem da mesma inteligência e por serem parte da mesma divindade. Um ser humano não consegue realmente ser ferido por seus irmãos, pois nenhum ato deles pode torná-lo mau, e ele não deve ficar zangado com eles nem os odiar: "Afinal, somos feitos para a cooperação, como pés, como mãos, como pálpebras, como os dentes das arcadas superior e inferior. Agir uns contra os outros, então, é contrário à natureza, algo vergonhoso que devemos evitar" (II.1). Adiante ele diz: "Sinta prazer numa coisa e sossegue nela, passando de um ato social a outro ato social, sempre pensando em Deus" (VI.7). Outra vez: "A humanidade, ame-a. Deus, siga-o" (VI.31). O amor ao próximo é uma característica da alma racional (XI.1). Em vários trechos, Marco Aurélio ensina a perdoar as injúrias, e sabemos que ele também praticava o que ensinava. O bispo Butler observa que "este preceito divino de perdoar as injúrias e amar nossos inimigos, embora encontrado nos moralistas gentios, ainda é de modo peculiar um preceito do cristianismo, pois o nosso Salvador insistiu mais nele do que em qualquer outra virtude". A prática desse preceito é a mais difícil de todas as virtudes. Marco Aurélio muitas vezes a impõe e nos ajuda a segui-la. Quando somos injuriados, sentimos raiva e ressentimento, e o sentimento é natural, justo e útil para a conservação da sociedade. É útil que os malfeitores sintam as consequências naturais de seus atos, entre as quais a desaprovação da sociedade e o ressentimento da pessoa injustiçada. Mas a vingança, no sentido lato da palavra, não deve ser praticada. Diz o imperador: "A melhor maneira de se vingar é não se tornar igual a nosso malfeitor". É claro que com isso ele não quer dizer que devemos, de qualquer forma, praticar a vingança; mas diz, para aqueles que falam de vingar os erros, que não devemos ser como a pessoa que nos causou o mal. "Quando uma pessoa nos faz algum mal, primeiro analise a opinião dela sobre fazer bem ou fazer mal. Pois, ao constatarmos isso, teremos pena dela, e não ficaremos surpresos nem com raiva" (VII.26). Marco Aurélio não negaria que o mal produz naturalmente o sentimento de raiva e ressentimento, pois isso está implícito na recomendação de refletir sobre a natureza mental do malfeitor, e então sentiremos pena em vez de ressentimento. Esse é o mesmo conselho de São Paulo sobre ficar com raiva e não pecar; o que, como Butler bem explica, não significa uma recomendação para ficar com raiva, coisa de que ninguém precisa, pois a raiva é uma paixão natural, mas é uma advertência contra permitir que a raiva nos leve ao pecado. Em suma, a doutrina do imperador sobre atos maléficos é a seguinte: os malfeitores não sabem a diferença entre o bem e o mal: cometem seus atos e nos ofendem por ignorância, e no sentido dos estoicos isso é verdade. Embora esse tipo de ignorância nunca seja admitido como desculpa jurídica e não deva ser admitido como desculpa completa de forma alguma pela sociedade, injúrias graves podem ser perdoadas sem prejudicar a sociedade. Quando perdoamos porque vemos que nossos inimigos não sabem o que fazem, estamos agindo no espírito da sublime oração: "Pai, perdoa-lhes, porque não sabem o que fazem".

A filosofia moral do imperador não era um sistema frágil e estreito, que ensina a pessoa a olhar diretamente para sua própria felicidade, embora a felicidade ou a tranquilidade de uma pessoa sejam indiretamente promovidas se ela viver como deveria. Como o imperador explica em muitos trechos, a pessoa deve viver em conformidade com a natureza universal, ou seja, as ações de uma pessoa devem estar de acordo com suas verdadeiras relações com todos os outros seres humanos, como cidadão de uma comunidade política e como membro de toda a família humana. Muitas vezes, Marco Aurélio expressa isso na linguagem mais convincente: as palavras e os atos de uma pessoa, na medida em que afetam os outros, devem ser medidas por uma regra fixa, que é ser consistente com a conservação e os interesses não só da sociedade particular da qual ela é membro como de toda a espécie humana. A fim de viver em conformidade com essa regra, uma pessoa deve usar suas faculdades racionais para discernir claramente as consequências e o pleno efeito de todos os seus atos e dos atos de outrem: não deve viver apenas uma vida de contemplação e reflexão, embora muitas vezes deva se voltar a si mesma a fim de se acalmar e purificar sua alma pelos pensamentos, mas sem deixar de colaborar com o trabalho humano e o bem geral.

A pessoa deve ter na vida um objetivo ou propósito ao qual possa direcionar todas as suas energias; claro que um bom objetivo (II.7). Quem não mantém um único e coerente objetivo na vida não pode ser único e coerente no decorrer da vida (XI.21). Bacon tem uma observação no mesmo sentido, sobre o melhor meio de "reduzir a mente à virtude e ao bom estado; isto é, eleger e propor à pessoa bons e virtuosos objetivos na vida, dentro de seu alcance". Foi sábio e feliz o suficiente para fazer isso quando era jovem e teve as oportunidades;

mas o imperador percebeu bem que uma pessoa nem sempre consegue ser tão sábia em sua juventude; encoraja-se a fazê-lo quando pode, sem deixar a vida escapar antes mesmo de começar. A pessoa capaz de propor a si mesma objetivos de vida bons e virtuosos, e ser fiel a eles, vive em conformidade com seus próprios interesses e o interesse universal, pois na natureza das coisas esses interesses se entrelaçam. O que não serve ao enxame também não serve à abelha (VI.54).

Um trecho resume esse tópico: "Se os deuses resolveram sobre mim e sobre as coisas que devem acontecer comigo, eles resolveram bem. Afinal, não é fácil imaginar uma divindade incapaz de resolver. Quanto a me fazer mal, por que os deuses decidiriam algo parecido? De que modo isso seria vantajoso para eles ou para o todo, que é o alvo especial de sua providência? Mas, se não resolveram sobre mim individualmente, certamente resolveram sobre o todo, e as coisas que acontecem encadeadas nesse arranjo geral eu devo aceitar com prazer e me contentar com elas. Mas, se nada resolveram, é perverso supor, pois, se acreditássemos nisso, deveríamos cessar sacrifícios, orações e juramentos, bem como tudo que fazemos na suposição de que os deuses estão presentes e vivem conosco. Mesmo se os deuses nada resolvessem sobre as coisas que nos dizem respeito, eu posso resolver sobre mim mesmo e indagar sobre o que é útil. E uma coisa é útil a todos nós: viver conforme a nossa própria constituição e natureza. E eis que a minha natureza é racional e social; eu, Marco Aurélio, tenho Roma como minha comunidade e minha nação; mas eu, ser humano, tenho o universo. Só vem a ser útil para mim o que for útil para essas comunidades".

Seria tedioso e desnecessário expor as opiniões do imperador sobre todas as maneiras pelas quais uma pessoa pode usar com proveito seu entendimento para se aperfeiçoar na virtude prática. Os trechos que tratam desse assunto permeiam o livro como um todo, mas estão fora de ordem ou desconexos: o leitor precisa manusear o livro por muito tempo para descobrir tudo o que está nele. Podemos acrescentar algumas palavras. Se formos analisar todas as outras coisas, vamos descobrir quanto elas são insuficientes para a vida humana e quanto muitas delas são verdadeiramente inúteis. Só a virtude é indivisível, una e perfeitamente satisfatória. A noção de Virtude não pode ser considerada vaga ou incerta só porque a pessoa acha difícil de explicar a noção integralmente para si mesma e de a expor aos outros de forma a evitar críticas. A virtude é, como a inteligência humana, um todo indivisível. Falar múltiplas faculdades intelectuais é apenas um modo conveniente de expressar os vários poderes que o intelecto humano revela em suas obras. Da mesma forma, podemos falar de uma virtude multifacetada, no sentido prático, com o propósito de mostrar quais virtudes particulares devemos praticar para o exercício da virtude como um todo. Ou seja, até onde a natureza humana for capaz.

O princípio primordial na constituição humana é social. O segundo é não ceder às persuasões corporais, quando não estiverem em conformidade com o princípio racional, que deve comandar. O terceiro é se libertar de equívocos e velhacarias. "Deixe que o intelecto controle isso e siga em frente para obter o que lhe pertence" (VII.53). O imperador escolhe a justiça como a virtude que é o alicerce de todo o resto (X.11), e isso já havia sido dito bem antes de seu tempo.

É verdade que todas as pessoas têm uma ideia do que se entende por justiça como disposição mental e uma ideia sobre agir em conformidade com essa disposição; mas a experiência mostra que as ideias humanas sobre justiça são tão contraditórias quanto seus atos são inconsistentes com a verdadeira ideia de justiça. A ideia de justiça do imperador é clara o suficiente, mas não prática o suficiente para toda a humanidade. "Diante dos fatos com causas externas, se mantenha impassível. Diante dos fatos com causas internas, atue com justiça. Privilegie as ações sociais, que visam ao bem comum: isso está de acordo com a nossa natureza" (IX.31). Noutra parte (IX.1) ele diz que "agir de modo injusto é agir de modo profano", e essa ideia perpassa nitidamente toda a obra. Ele insiste na prática da verdade como virtude e como um meio para a virtude, o que sem dúvida é. Afinal, mentir até nas coisas indiferentes enfraquece o entendimento; e mentir maliciosamente é a maior ofensa moral de que uma pessoa pode ser acusada, seja como disposição habitual, seja com respeito às consequências. Marco Aurélio pareia a noção de justiça com a de ação. Uma pessoa não deve se orgulhar de ter uma boa noção sobre a justiça em sua cabeça, mas deve exibir sua justiça por meio de atos.

Os estoicos, Marco Aurélio entre eles, chamam algumas coisas de belas e outras de feias, e, quando são belas, são boas, mas, quando são feias, são malignas ou más (II.1). Todas essas coisas, boas e más, estão em nosso poder, diriam absolutamente alguns dos mais rígidos estoicos; só de uma maneira, como diriam aqueles que não se afastam completamente do bom senso; na prática, estão em grande medida no poder de certas pessoas e em certas circunstâncias, mas só em pequeno grau em outras pessoas e em outras circunstâncias. Os estoicos mantêm o livre-arbítrio do ser humano quanto às coisas que estão em nosso poder; pois, quanto às coisas que escapam de nosso poder, o livre-arbítrio que culmina em ação é obviamente excluído pelos próprios termos da expressão. É difícil descobrir a exata noção de Marco Aurélio sobre o livre-arbítrio humano. Será que vale a pena investigar isso? Entendemos o que ele diz e quer dizer. Tudo que escapa de nossa alçada é indiferente: não é bom nem ruim, do ponto de vista moral. Exemplos: vida, saúde, riqueza, poder, doença, pobreza e morte. A vida e a morte fazem parte de nosso fardo. Saúde, riqueza, poder, doença e pobreza acontecem aos seres humanos, sejam bons ou maus; vivam eles de acordo com a natureza ou não. Nas palavras do imperador: "A vida é uma guerra, a peregrinação de um estranho, e, depois, a fama é o esquecimento" (II.17). Marco Aurélio cita as pessoas que causaram distúrbios no mundo e depois morreram. Sobre a morte de filósofos como Heráclito e Demócrito, este consumido por uma infestação de piolhos, e dos outros piolhos (os inimigos dele) que eliminaram Sócrates, ele afirma: "O que significa tudo isso? Você embarcou, fez a jornada, chegou à praia; é hora de sair de cena. Se desembarcar em outra vida, bem, deuses também não hão de faltar por lá. Se desembarcar a um estado sem sensação, cessará de viver entre o prazer e a dor, cessará de ser um escravo dessa nau corporal, tão inferior a quem ela serve. Esta é inteligência e divindade; aquela, lama e corrupção" (III.3). Não devemos ter medo da morte; devemos ter medo de jamais começar a viver conforme a natureza (XII.1). Cada pessoa deve se preocupar em cumprir seu dever e nada mais. Devemos viver de modo a estar sempre prontos para a morte e partirmos contentes quando o chamado chegar. Afinal de contas, o que é a morte? "A morte é o cessar das impressões por meio dos sentidos, das cordas que manipulam os apetites, dos movimentos discursivos dos pensamentos e dos serviços da carne" (VI.28). Morrer é como nascer: um mistério da natureza (IV.5). Noutro trecho (IX.3), cujo significado exato é duvidoso, Marco Aurélio menciona o feto que sai do útero, como a alma deixa seu envelope na morte.

A opinião de Marco Aurélio sobre uma vida futura não está claramente expressa em lugar algum. A sua doutrina sobre a natureza da alma sugere necessariamente que ela não perece por absoluto, pois uma parte da divindade não pode perecer. Essa opinião é antiga e remonta no mínimo à época de Epicarmo e Eurípides: o que vem da terra volta à terra, e o que vem do céu (a divindade) volta àquele que a deu. Mas eu não encontro nada explícito em Marco Aurélio no que tange à noção de o ser humano existir após a morte para ter consciência de sua igualdade com aquela alma que habitava seu invólucro de argila. Parece perplexo com esse assunto e, enfim, ter sossegado: Deus ou os deuses hão de fazer o melhor e mais consistente com a universidade das coisas.

Ele também não aborda, penso eu, de modo conclusivo outra doutrina estoica, exercitada por alguns estoicos – antecipar o curso normal da natureza pelo próprio ato de um homem. Os leitores vão se deparar com algumas passagens que tocam nesse assunto e entendê-las como puderem. Mas há trechos em que o imperador se anima a esperar o fim com paciência e tranquilidade; e certamente é consistente com todos os seus melhores ensinamentos que uma pessoa deve suportar tudo que lhe couber e realizar atos úteis enquanto viver. Não deve, portanto, abreviar, por atos próprios, o tempo em que está sendo útil.

Ser feliz não é o objetivo direto da vida de um estoico. Nenhuma regra de vida contém o preceito de que a pessoa deve buscar sua própria felicidade. Muita gente pensa que está buscando a felicidade quando está apenas buscando satisfazer a alguma paixão particular, a mais forte que tiver. A nossa finalidade como seres humanos é, como já foi explicado, viver em conformidade com a natureza; assim alcançaremos felicidade, paz de espírito e contentamento (III.12; VIII.2). Para viver em conformidade com a natureza, devemos estudar as quatro virtudes principais, cada qual em sua própria esfera: sabedoria, ou distinguir o bem e o mal; justiça, ou dar a cada pessoa o que ela merece; fortaleza, ou aguentar o trabalho e a dor; e temperança, que é a moderação em todas as coisas. Vivendo assim de acordo com a natureza, o estoico obtém tudo o que deseja ou espera. A recompensa reside na vida virtuosa, e o estoico ficava satisfeito com isso.

Epiteto e Marco Aurélio, tanto por preceitos quanto por exemplos, trabalharam para melhorar a si mesmos e aos outros; e, ainda, se descobrirmos imperfeições em seus ensinamentos, devemos honrar esses grandes filósofos que tentaram mostrar que existem, na natureza humana e na composição das coisas, motivos suficientes para vivermos uma vida virtuosa. Já é bastante difícil viver como devemos viver, difícil até mesmo para qualquer pessoa viver de modo a satisfazer a si mesma, se ela exerce apenas em grau moderado o poder de refletir e analisar sua própria conduta; e, se todas as pessoas não podem ser levadas às mesmas opiniões em moral e religião, pelo menos vale a pena lhes dar bons e aceitáveis motivos para serem persuadidas.

NOTAS DE RODAPÉ DA EDIÇÃO ORIGINAL

(GEORGE LONG)

i–Esta passagem está corrompida, e o significado exato é duvidoso. (N. de George Long)

ii–Lorium era uma vila litorânea ao norte de Roma, onde Marco Aurélio foi criado e morreu. Essa parte também está corrompida. (N. de George Long)

iii–Parte corrompida. (N. de George Long)

iv–Aqui Marco Aurélio usa a palavra grega "kosmos", tanto no sentido de Universo quanto de Ordem; e é difícil expressar seu significado. (N. de George Long)

v–Parte corrompida. (N. de George Long)

vi–Parece haver um lapso no texto aqui. (N. de George Long)

vii–Desde então, a história é contada por Horácio em suas Sátiras e por outros, mas não melhor. (N. de George Long)

viii–"Vistos até mesmo com os olhos." Uma das suposições é que a doutrina estoica explica isso, que o universo é um deus ou ser vivo (IV.40), e que os corpos celestes são deuses (VIII.19). Mas talvez o imperador queira dizer que sabemos que os deuses existem, como ele afirma depois, porque vemos o que eles fazem. Igualmente, sabemos que o ser humano tem poderes intelectuais, porque vemos o que ele faz, e não há outra maneira de saber disso. (N. de George Long)

ix–Os estoicos dividiram a Filosofia em três áreas: Física, Ética e Lógica (VIII.13). Essa divisão, conta-nos Diógenes, foi elaborada por Zenão de Cítio, fundador da filosofia estoica, e por Crisipo; mas esses pensadores as ordenavam assim: Lógica, Física, Ética. Como observa Cícero, parece, no entanto, que essa classificação vem de antes do tempo de Zenão e foi reconhecida por Platão. Lógica não é sinônimo de nosso termo "Lógica" no sentido estrito dessa palavra. Cleantes, um estoico, subdividiu as três áreas em seis: Dialética e Retórica, compreendidas na Lógica; Ética e Política; Física e Teologia. Essa divisão visava meramente ao uso prático, pois toda Filosofia é uma só. Mesmo entre os primeiros estoicos, a Lógica, ou Dialética, não ocupa o mesmo lugar que em Platão: é considerada apenas um instrumento a ser aplicado em outras divisões da Filosofia. Para expormos as doutrinas estoicas anteriores e suas modificações, seria necessário um volume. Meu objetivo é explicar apenas as opiniões de Marco Aurélio, até que ponto elas podem ser captadas a partir do livro escrito por ele. De acordo com a subdivisão de Cleantes, a Física e a Teologia andam de mãos dadas. O estudo da natureza das Coisas e o estudo da natureza da Divindade. O ser humano tenta entender a Divindade e o comando do universo. Essa divisão ou subdivisão não é formalmente adotada por Marco Aurélio, pois, como já observamos, não há método em seu livro. Porém, na prática, está contida nele. Cleantes também vincula a Ética (estudo dos princípios da moral) com a Política (estudo da constituição da sociedade civil). Sem dúvida, ele fez bem em subdividir a Ética em duas partes, Ética no sentido mais estrito e Política; pois, embora as duas estejam intimamente ligadas, também são muito distintas, e muitas questões só podem ser discutidas adequadamente observando a distinção com muita cautela. Marco Aurélio não aborda a Política. O assunto dele é a Ética, e a Ética em sua aplicação prática à sua própria conduta na vida, como homem e como governador. A Ética dele está fundamentada em suas doutrinas sobre a natureza humana, a Natureza Universal e a relação de cada pessoa com tudo o mais. Portanto, está ligada íntima e inseparavelmente à Física (a natureza das Coisas) e à Teologia (a Natureza da Divindade). Ele nos aconselha a: examinar bem todas as impressões em nossas mentes; formar um julgamento correto sobre elas; tirar conclusões justas; investigar o significado das palavras, às vezes a ponto até de aplicar a Dialética. Porém, Marco Aurélio não faz qualquer tentativa de abordar a Dialética em si. A substância de sua filosofia é puramente moral e prática. Diz Marco Aurélio: "Constantemente e, se for possível, sempre que uma impressão chegar à sua alma, aplique a ela os princípios da física, da ética e da dialética". Essa é apenas outra maneira de nos dizer para examinar cada impressão sob todos os aspectos possíveis. Noutro trecho (III.11), ele afirma: "Mais um lembrete, além dos já citados: faça a si mesmo uma definição ou descrição da coisa que lhe é apresentada, de modo a distinguir perfeitamente que tipo de coisa ela é em sua substância, em sua nudez, em sua totalidade, e diga a si mesmo seu nome próprio e o nome das coisas que a compõem e nas quais será dissolvida". Essa análise implica o uso da Dialética, que Marco Aurélio empregou como meio para estabelecer seus princípios físicos, teológicos e éticos. (N. de George Long).

grupo novo século

Compartilhando propósitos e conectando pessoas
Visite nosso site e fique por dentro dos nossos lançamentos:
www.novoseculo.com.br

ns

facebook/novoseculoeditora
@novoseculoeditora
@NovoSeculo
novo século editora

gruponovoseculo
.com.br

Edição: 1
Fonte: Garamond
Impressão e acabamento: Gráfica Terrapack